集刊

集人文社科之思　刊专业学术之声

集 刊 名：中华文化海外传播研究

主办单位：大连外国语大学中华文化海外传播研究中心

主　　编：刘　宏　张恒军　唐润华

副 主 编：芦思宏

Chinese Culture Overseas Communication · Spring (2020)

编辑委员会（按姓氏音序排列）：

白乐桑（法国巴黎东方语言文化学院教授）

程　龙（加拿大哥伦比亚学院亚洲研究系教授）

曹顺庆（四川大学文学与新闻学院教授）

郭　尔（Gor.Sargsyan）（亚美尼亚埃里温布留索夫国立语言和
　　　　社会科学大学孔子学院院长）

葛兆光（复旦大学文史研究院教授）

姜　飞（北京外国语大学国际新闻与传播学院教授）

荆学民（中国传媒大学政治传播研究所教授）

刘　宏（大连外国语大学校长、教授）

陆俭明（北京大学中文系教授）

雷蔚真（中国人民大学新闻学院教授）

李喜根（香港城市大学媒体与传播系教授）

林香伶（台湾东海大学中文系教授）

苏　炜（美国耶鲁大学东亚语言文学系教授）

唐润华（大连外国语大学中华文化海外传播研究中心首席研究员）

吴　飞（浙江大学传媒与国际文化学院教授）

王　宁（清华大学外文系教授）

于运全（中国外文局当代中国与世界研究院院长、研究员）

张恒军（大连外国语大学中华文化海外传播研究中心主任、教授）

张　昆（华中科技大学新闻与信息传播学院教授）

编辑部成员（按姓氏音序排列）：

蔡馥谣　刘明阳　潘婧妍　宋　歌

孙冬惠　吴潇阳　章　彦　郑　敏

2020 · 春之卷

集刊序列号：PIJ-2018-254

中国集刊网：www.jikan.com.cn

集刊投约稿平台：www.iedol.cn

中华文化海外传播研究

CHINESE CULTURE
OVERSEAS COMMUNICATION
SPRING (2020)

二○二○·春之卷

刘宏　张恒军　唐润华　主编

大连外国语大学中华文化海外传播研究中心　主办

社会科学文献出版社
SOCIAL SCIENCES ACADEMIC PRESS (CHINA)

目录
Contents · 春之卷

2020（全两卷）

卷首语

中国图书的海外馆藏影响力

张恒军

由北京外国语大学、中国出版传媒商报社联合推出的《中国图书海外馆藏影响力研究报告》，截至 2020 年已连续发布了 9 届。这项研究坚持以世界图书馆系统入藏中国出版机构的书目数据为基础，追踪中国出版物在全球的流通轨迹，勾勒中华文化在当今世界的传播范围。中文图书的海外馆藏影响力，是中国出版世界影响力研究的一个组成部分。这种基于第三方客观数据的年度评估研究，不仅为业界及时提供了世界机构市场对于中国出版物的及时反馈，也丰富了传播学界对于传播效果研究的方法和手段，得到了业界和学界的积极响应和高度评价。如今海外馆藏数据已经成为中国出版界衡量世界影响力的一个行业认可的客观指标。

这项研究的首席专家是北京外国语大学国际新闻与传播学院教授、北京外国语大学中国文化走出去效果评估中心执行主任何明星。何先生是一位儒雅敦厚的学者，曾在新闻出版系统工作 20 多年，历任国家民委所属的中国民族音像出版社副总编辑、中国人民大学出版社事业部主任、高等教育出版社分社社长等职。因此，他对中国书刊史、对外出版传播史、中国文化海外传播效果评估颇有研究。他所开创的"馆藏数据"被媒体评价为与学术论文引文索引具有同等的理论价值。他的主要著述有《著述与宗族——清人文集编刻方式的社会学考察》（中华书局，2007）、《新中国书刊海外发行传播 60 年（1949－2009）》（中国书籍出版社，2010）、《从文化政治到文化生意——中国出版的"革命"》（广西师范大学出版社，2013）、《中国图书与期刊的世界影响力研究》（国家行政学院出版社，2013）、《中华人民共和国外文图书出版发行编年史（1949-1979）》（学习出版社，2013）、《中国文化翻译出版与国际传播调研报告（1949-2014）》（新华出版社，2016）、《中国图书的世界影响力年度研究报告（1949-2015）》（新华出版社，2016）等。主持国家社科基金重点项目"毛泽东著作的域外传播研究"、国家社科基金后期资助项目"中华人民共和国外文图书出版发行编年史"、国家新闻出版广电总局"'一圈两线'国家新闻出版走出去策略研究"等。自2012年开始主持"中国图书海外馆藏影响力"评估研究项目以来，每年在北京国际图书博览会（BIBF）期间发布研究报告，获得业界、学界的积极响应和广泛关注。本期集刊，我们获得授权发布《中国图书海外馆藏影响力研究报告》（2020年版），是集刊创办中的创新，未来，我们将持续发布《中国图书海外馆藏影响力研究报告》。同时，也将发布更多的中华文化海外传播领域的研究报告，欢迎业界、学界惠赐报告，以使我们的集刊更加权威、更加贴近现实。

本期稿件，我们得到了著名学者、中国比较文学学会会长、欧洲科学院外籍院士、清华大学外语系特聘教授王宁，美国中康州州立大学终身教授、复旦大学新闻学院特聘教授居延安，中国社会科学院研究生院新闻系教授王怡红，同济大学国际文化交流学院院长孙宜学教授，旅俄作家、俄罗斯国际科学院外籍院士、莫斯科中华东正教文化中心主任孙越，中国文字著作权协会总干事张洪波等诸位学者、专家的大力支持，在此深表感谢！

《中华文化海外传播研究》是以中国文化的海外传播为研究对象，由大连外国语大学中华文化海外传播研究中心和社会科学文献出版社联合编辑出版发行，是我国中华文化海外传播领域唯一的学术集刊，集中推出当前中华文化海外传播领域研究的最新成果。自2018年起，《中华文化海外传播研究》已被CNKI（中国知网）中国期刊全文数据库收录。我们愿与各位同仁一道，携手前行，共同推动中华文化海外传播事业的健康发展！

前沿报告

中国图书海外馆藏影响力研究报告
（2020 年版）

何明星　　后宗瑶[*]

缘起与说明

由北京外国语大学、中国出版传媒商报社联合推出的《中国图书海外馆藏影响力研究报告》，截至 2020 年已连续发布 9 届。这项研究报告以世界图书馆系统入藏中国大陆出版机构的书目数据为基础，追踪中国出版物在全球流通轨迹，勾勒出中华文化在当今世界的传播范围。中文图书的海外馆藏影响力，是中国出版世界影响力研究的一个组成部分。这种基于第三方客观数据的年度评估研究，不仅为业界及时提供了世界机构市场对于中国出版物的及时反馈，也丰富了传播学界对于传播效果研究的方法和手段，得到了业界和学界的积极响应和高度评价。如今海外馆藏数据已经成为中国出版界衡量世界影响力的一个行业认可的客观指标。

与 2019 年一样，2020 年度的《中国图书海外馆藏影响力研究报告》包含两个部分。第一部分是对中国近 600 家出版社在 2019 年 1～12 月出版（含 2019 年再版）的中文图书品种进行的监测和分析，目的是发现中文图

---

* 何明星，北京外国语大学国际新闻与传播学院教授，北京外国语大学中国文化走出去效果评估中心执行主任，研究方向为跨文化传播；后宗瑶，北京印刷学院新闻出版学院讲师，研究方向为图书出版。课题单位：中国出版传媒商报社、北京外国语大学国际新闻与传播学院、北京外国语大学中国文化走出去效果评估中心。数据收集整理人员：陈钰坤、华小鹭、卢盈江、苏悦、王尔灿、薛肖雁、张乐、张智颖、周静怡。

书的年度出版品种在国际机构市场上的基本信息反馈，发现中文图书在国际图书市场上最具竞争力的板块，这是 9 年来研究报告的主体部分。第二部分继续对中国近 600 家出版社在 2019 年 1 – 12 月出版（含 2019 年再版）的英文图书品种进行监测与分析，旨在以产品为切入点，观测和把握中国出版机构进入世界出版的能力与水平，进而推动中国出版机构跨文化、跨语种的出版能力建设，加快跨地域、跨国别的市场推广步伐，提高世界化、多元化的出版人才的汇聚能力，早日实现出版大国、出版强国的目标。

2020 年度研究报告的数据条件

（1）与往年报告一样，基础数据为 OCLC（Online Computer Library Center）的 WorldCat 全世界图书馆联机书目数据，并以日本 CiNii 数据库的数据，弥补 OCLC 数据偏重欧洲、北美地区的不足。CiNii 包含了日本 1200 所大学图书馆的馆藏联合目录，其数据完全可以说明中文图书在日本的影响力。

（2）与往年报告一样，本次检索中文图书的出版时间为中国近 600 家出版社在 2019 年 1～12 月出版（含 2019 年再版）的中文、英文图书，并扣除了国家图书馆、浙江图书馆等 10 家机构向 OCLC 上传的中文书目数据。

（3）与往年报告一样，限于研究手段、设定目标以及三地出版历史的特殊性，中国出版社的海外馆藏影响力排名不包含我国港澳台地区出版机构的数据。

（4）与往年报告一样，出版社名称省略了出版集团及有限公司等名称，如当数据出现"重庆出版集团、重庆人民出版社"时，只记录为"重庆人民出版社"。

（5）此次数据检索时间为 2020 年 7 月 13 日至 24 日，连续两周。

一　地方出版机构活力不减，文学品种热度依旧

表 1　2020 年度中国出版机构入藏世界图书馆系统品种排行榜（TOP100）

单位：种

名次	出版社名称	2019 年进入世界图书馆系统品种数	排名变化	说明
1	中国社会科学出版社	683	上升	
2	社会科学文献出版社	661	下降	
3	中华书局	602	上升	
4	科学出版社	526	下降	
5	人民出版社	429	下降	
6	商务印书馆	380	上升	
7	广西师范大学出版社	299	上升	
8	北京大学出版社	272	下降	
9	上海古籍出版社	255	上升	
10	中国文史出版社	228	上升	
11	上海人民出版社	213	上升	
12	天地出版社	207	上升	新进 30 强
13	湖南文艺出版社	195	上升	
14	长江少年儿童出版社	191	上升	
15	青岛出版社	190	下降	
16	化学工业出版社	188	上升	
17	中信出版社	184	上升	
18	文物出版社	177	上升	
19	人民邮电出版社	169	下降	
20	浙江大学出版社	165	上升	新进 30 强
21	作家出版社	161	下降	
22	新星出版社	155	上升	新进 30 强
23	百花洲文艺出版社	148	下降	
24	生活·读书·新知三联书店	147	没变化	
25	中国人民大学出版社	141	下降	

续表

名次	出版社名称	2019 年进入世界图书馆系统品种数	排名变化	说明
26	接力出版社	138	上升	新进 30 强
27 （6 家）	巴蜀书社	134	上升	新进 30 强
	河北大学出版社	134	上升	新进 30 强
	法律出版社	134	下降	
	清华大学出版社	134	下降	
	广东人民出版社	134	没变化	
	上海文艺出版社	134	上升	新进 30 强
28	人民文学出版社	123	下降	
29	电子工业出版社	120	下降	
30	中国少年儿童新闻出版总社	119	上升	新进 30 强
31	贵州人民出版社	117	上升	
32 （2 家）	中国书籍出版社	114	上升	
	四川文艺出版社	114	上升	
33 （2 家）	四川人民出版社	113	上升	
	天津人民出版社	113	上升	
34	复旦大学出版社	110	上升	
35	中国轻工业出版社	107	上升	
36	知识产权出版社	105	上升	
37	九州出版社	104	上升	
38 （2 家）	上海三联书店	100	上升	
	北京科学技术出版社	100	下降	
39	中国纺织出版社	99	下降	
40	长江文艺出版社	97	上升	
41 （2 家）	东方出版社	96	上升	
	安徽少年儿童出版社	96	上升	
42	中国法制出版社	94	下降	
43	北京语言大学出版社	91	上升	新入百强
44 （3 家）	江苏凤凰科学技术出版社	90	上升	
	明天出版社	90	上升	
	现代出版社	90	下降	
45	学苑出版社	89	上升	

名次	出版社名称	2019年进入世界图书馆系统品种数	排名变化	说明
46	凤凰出版社	88	上升	
47 （2家）	方志出版社	87	上升	
	湖南少年儿童出版社	87	上升	
48 （2家）	浙江文艺出版社	81	上升	
	上海社会科学院出版社	81	上升	
49	北京十月文艺出版社	79	上升	
50	上海文化出版社	78	上升	
51	上海书画出版社	77	上升	
52 （4家）	译林出版社	74	上升	
	江西人民出版社	74	上升	
	经济科学出版社	74	下降	
	光明日报出版社	74	上升	
53 （2家）	中西书局	73	上升	
	南海出版公司	73	下降	
54	中国友谊出版公司	72	上升	
55	经济管理出版社	70	下降	
56 （2家）	北京时代华文书局	69	下降	
	华东师范大学出版社	69	下降	
57 （2家）	国家图书馆出版社	68	下降	
	武汉大学出版社	68	上升	
58	华中科技大学出版社	67	下降	
59	海豚出版社	64	下降	
60 （3家）	中国中医药出版社	60	下降	
	机械工业出版社	60	下降	
	中国和平出版社	60	上升	新入百强
61 （2家）	甘肃少年儿童出版社	59	上升	新入百强
	北岳文艺出版社	59	上升	
62 （2家）	上海交通大学出版社	57	没变化	
	南开大学出版社	57	上升	新入百强
63	中国建筑工业出版社	56	上升	

续表

名次	出版社名称	2019年进入世界图书馆系统品种数	排名变化	说明
64 (2家)	中州古籍出版社	55	上升	
	新世界出版社	55	上升	
65 (2家)	南京大学出版社	54	下降	
	北京师范大学出版社	54	下降	
66 (4家)	上海译文出版社	52	上升	
	厦门大学出版社	52	没变化	
	花城出版社	52	上升	
	团结出版社	52	上升	
67	中国青年出版社	51	上升	
68	重庆出版社	50	上升	
69 (3家)	外语教学与研究出版社	49	下降	
	人民日报出版社	49	上升	
	东方出版中心	49	上升	
70	江苏人民出版社	48	下降	
71 (2家)	上海教育出版社	47	上升	新入百强
	上海大学出版社	47	上升	
72	江西高校出版社	46	上升	
73 (2家)	山西人民出版社	45	下降	
	台海出版社	45	上升	
74	中国铁道出版社	44	上升	
75 (3家)	山东画报出版社	43	上升	
	暨南大学出版社	43	下降	
	高等教育出版社	43	上升	
76	花山文艺出版社	42	上升	新入百强
77 (4家)	中山大学出版社	41	上升	
	浙江人民美术出版社	41	上升	
	中国人口出版社	41	下降	
	河北少年儿童出版社	41	下降	
78 (2家)	浙江人民出版社	40	下降	
	百花文艺出版社	40	上升	新入百强

名次	出版社名称	2019年进入世界图书馆系统品种数	排名变化	说明
79 （3家）	中国政法大学出版社	39	下降	
	人民卫生出版社	39	下降	
	上海科学技术文献出版社	39	上升	新入百强
80 （2家）	上海人民美术出版社	38	上升	新入百强
	云南美术出版社	38	上升	新入百强
81 （2家）	华夏出版社	36	下降	
	新华出版社	36	下降	
82 （5家）	北方文艺出版社	35	上升	新入百强
	故宫出版社	35	下降	
	世界知识出版社	35	上升	
	山东友谊出版社	35	上升	新入百强
	辽宁少年儿童出版社	35	下降	
83 （4家）	中国医药科技出版社	34	下降	
	黄山书社	34	上升	新入百强
	北方妇女儿童出版社	34	下降	
	华文出版社	34	上升	新入百强
84 （4家）	中国地图出版社	33	上升	
	中国水利水电出版社	33	上升	
	党建读物出版社	33	上升	新入百强
	文化艺术出版社	33	下降	
85 （4家）	广陵书社	32	上升	
	宗教文化出版社	32	上升	新入百强
	四川大学出版社	32	下降	
	中国经济出版社	32	下降	
86 （2家）	石油工业出版社	31	下降	
	上海辞书出版社	31	上升	
87 （3家）	浙江摄影出版社	30	上升	新入百强
	世界图书出版公司	30	上升	新入百强
	中国民主法制出版社	30	上升	

名次	出版社名称	2019年进入世界图书馆系统品种数	排名变化	说明
88 （5家）	齐鲁书社	29	上升	新入百强
	吉林大学出版社	29	上升	新入百强
	河南科学技术出版社	29	下降	
	中国戏剧出版社	29	上升	新入百强
	辽宁人民出版社	29	没变化	
89 （5家）	民主与建设出版社	28	上升	新入百强
	中国工人出版社	28	上升	
	万卷出版公司	28	上升	新入百强
	大象出版社	28	下降	
	中共党史出版社	28	上升	新入百强
90 （4家）	安徽科学技术出版社	27	上升	
	安徽文艺出版社	27	下降	
	学林出版社	27	上升	
	长江出版社	27	下降	
91 （3家）	广东旅游出版社	26	上升	新入百强
	时代文艺出版社	26	上升	新入百强
	河南文艺出版社	26	上升	
92 （2家）	文化发展出版社（原印刷工业出版社）	25	上升	新入百强
	陕西师范大学出版总社	25	下降	
93 （7家）	漓江出版社	24	上升	
	浙江工商大学出版社	24	上升	新入百强
	湖北教育出版社	24	上升	新入百强
	中国社会出版社	24	上升	新入百强
	民族出版社	24	下降	
	北京出版社	24	下降	
	中国金融出版社	24	上升	新入百强
94 （6家）	江西美术出版社	23	上升	
	中国藏学出版社	23	上升	新入百强
	长春出版社	23	上升	新入百强
	中国画报出版社	23	上升	新入百强
	辽宁科学技术出版社	23	上升	新入百强
	湖北人民出版社	23	上升	新入百强

名次	出版社名称	2019年进入世界图书馆系统品种数	排名变化	说明
95（6家）	安徽师范大学出版社	22	上升	新入百强
	中国检察出版社	22	上升	新入百强
	苏州大学出版社	22	上升	新入百强
	中国致公出版社	22	上升	新入百强
	陕西人民教育出版社	22	上升	新入百强
	浙江古籍出版社	22	上升	新入百强
96（11家）	黑龙江科学技术出版社	21	下降	
	中国大百科全书出版社	21	下降	
	湖南科学技术出版社	21	上升	新入百强
	中国美术学院出版社	21	上升	新入百强
	中国言实出版社	21	下降	
	广东高等教育出版社	21	上升	新入百强
	吉林美术出版社	21	下降	
	新蕾出版社	21	上升	新入百强
	北京理工大学出版社	21	下降	
	海天出版社	21	上升	新入百强
	中央民族大学出版社	21	上升	新入百强
97（5家）	晨光出版社	20	下降	
	山东人民出版社	20	下降	
	科学技术文献出版社	20	上升	新入百强
	首都师范大学出版社	20	上升	新入百强
	南京出版社	20	上升	新入百强
98（8家）	海南出版社	19	上升	新入百强
	天津科学技术出版社	19	上升	新入百强
	青海人民出版社	19	上升	新入百强
	江西科学技术出版社	19	上升	新入百强
	南方出版社	19	上升	新入百强
	河北人民出版社	19	上升	新入百强
	福建科学技术出版社	19	上升	新入百强
	中国中福会出版社	19	上升	新入百强

名次	出版社名称	2019 年进入世界图书馆系统品种数	排名变化	说明
99（9家）	云南大学出版社	18	上升	新入百强
	华中师范大学出版社	18	上升	新入百强
	同济大学出版社	18	上升	新入百强
	中国统计出版社	18	上升	新入百强
	江苏凤凰美术出版社	18	没变化	
	时事出版社	18	上升	新入百强
	中国发展出版社	18	上升	新入百强
	天津古籍出版社	18	上升	新入百强
	海峡文艺出版社	18	上升	新入百强
100（8家）	中译出版社	17	上升	新入百强
	春风文艺出版社	17	上升	新入百强
	经济日报出版社	17	下降	
	岳麓书社	17	上升	新入百强
	浙江少年儿童出版社	17	下降	
	线装书局	17	上升	新入百强
	华龄出版社	17	上升	新入百强
	西泠印社	17	上升	新入百强

表 2　2020 年度中国出版机构入藏世界图书馆系统品种排行榜（第 101 名至第 116 名）

单位：种

名次	出版社名称	2019 年进入世界图书馆系统品种数
101（5家）	西北大学出版社	16
	中国文联出版社	16
	中国财政经济出版社	16
	吉林文史出版社	16
	煤炭工业出版社	16
102（5家）	广州出版社	15
	浙江教育出版社	15
	广东教育出版社	15
	中医古籍出版社	15
	山东大学出版社	15

名次	出版社名称	2019 年进入世界图书馆系统品种数
103（12家）	中国电力出版社	14
	河南大学出版社	14
	西南师范大学出版社	14
	五洲传播出版社	14
	宁波出版社	14
	内蒙古人民出版社	14
	未来出版社	14
	海洋出版社	14
	中南大学出版社	14
	中国华侨出版社	14
	重庆大学出版社	14
	四川科学技术出版社	14
104（5家）	中国摄影出版社	13
	金城出版社	13
	中国旅游出版社	13
	中国电影出版社	13
	华语教学出版社	12
105（5家）	北京日报出版社	12
	湖南美术出版社	12
	群众出版社	12
	冶金工业出版社	12
	华东理工大学出版社	12
106（12家）	当代中国出版社	11
	海燕出版社	11
	湖南人民出版社	11
	中国广播影视出版社	11
	中国商业出版社	11
	山东文艺出版社	11
	北京燕山出版社	11
	河南美术出版社	11
	中国方正出版社	11
	吉林科学技术出版社	11
	中国人民公安大学出版社	11
	西安出版社	11

续表

名次	出版社名称	2019 年进入世界图书馆系统品种数
107（12家）	首都经济贸易大学出版社	10
	上海财经大学出版社	10
	安徽美术出版社	10
	北京联合出版公司	10
	广东科技出版社	10
	郑州大学出版社	10
	黑龙江美术出版社	10
	福建教育出版社	10
	中国妇女出版社	10
	当代世界出版社	10
	中国传媒大学出版社	10
	中国国际广播出版社	10
108（19家）	三晋出版社	9
	商务印书馆国际有限公司	9
	研究出版社	9
	北京少年儿童出版社	9
	河南人民出版社	9
	四川少年儿童出版社	9
	江苏凤凰文艺出版社	9
	三秦出版社	9
	云南人民出版社	9
	陕西人民出版社	9
	格致出版社	9
	合肥工业大学出版社	9
	中国海关出版社	9
	湖南大学出版社	9
	人民交通出版社	9
	黑龙江人民出版社	9
	二十一世纪出版社	9
	中国商务出版社	9
	河北教育出版社	9

名次	出版社名称	2019 年进入世界图书馆系统品种数
109（16家）	新疆青少年出版社	8
	中央文献出版社	8
	广西科学技术出版社	8
	甘肃教育出版社	8
	四川民族出版社	8
	四川辞书出版社	8
	上海音乐出版社	8
	四川教育出版社	8
	中国林业出版社	8
	江苏大学出版社	8
	中国劳动社会保障出版社	8
	上海音乐学院出版社	8
	人民音乐出版社	8
	安徽教育出版社	8
	安徽大学出版社	8
	国际文化出版公司	8
110（11家）	中华工商联合出版社	7
	天津大学出版社	7
	人民美术出版社	7
	红旗出版社	7
	文津出版社	7
	东南大学出版社	7
	西安交通大学出版社	7
	福建少年儿童出版社	7
	辽海出版社	7
	甘肃文化出版社	7
	开明出版社	7

续表

名次	出版社名称	2019 年进入世界图书馆系统品种数
111（18 家）	湖北美术出版社	6
	沈阳出版社	6
	辽宁美术出版社	6
	北京航空航天大学出版社	6
	中国建材工业出版社	6
	山东科学技术出版社	6
	群言出版社	6
	中国农业出版社	6
	人民法院出版社	6
	中国书店	6
	解放军出版社	6
	东华大学出版社	6
	企业管理出版社	6
	语文出版社	6
	江苏凤凰教育出版社	6
	辽宁民族出版社	6
	广东经济出版社	6
	北京工艺美术出版社	6
112（27 家）	中共中央党校出版社	5
	中国民族摄影艺术出版社	5
	甘肃人民美术出版社	5
	河海大学出版社	5
	山西科学技术出版社	5
	陕西科学技术出版社	5
	敦煌文艺出版社	5
	南方日报出版社	5
	中央编译出版社	5
	上海科学技术出版社	5
	福建人民出版社	5
	四川美术出版社	5
	崇文书局	5
	江苏凤凰少年儿童出版社	5

名次	出版社名称	2019 年进入世界图书馆系统品种数
	浙江科学技术出版社	5
	金盾出版社	5
	大连出版社	5
	山东美术出版社	5
	江西教育出版社	5
	远方出版社	5
	北京人民出版社	5
	湖南教育出版社	5
	北京美术摄影出版社	5
	荣宝斋出版社	5
	甘肃人民出版社	5
	安徽人民出版社	5
	学习出版社	5
	吉林人民出版社	4
	湖北科学技术出版社	4
	外文出版社	4
	内蒙古文化出版社	4
	吉林摄影出版社	4
	湖南师范大学出版社	4
	成都时代出版社	4
	山东教育出版社	4
	杭州出版社	4
	鹭江出版社	4
113（21 家）	华南理工大学出版社	4
	辽宁大学出版社	4
	武汉出版社	4
	天津人民美术出版社	4
	大连理工大学出版社	4
	中国市场出版社	4
	远东出版社	4
	羊城晚报出版社	4
	气象出版社	4
	立信会计出版社	4
	中国原子能出版社	4

名次	出版社名称	2019 年进入世界图书馆系统品种数
114（23 家）	南京师范大学出版社	3
	东北师范大学出版社	3
	延边大学出版社	3
	中原农民出版社	3
	科学普及出版社	3
	山西经济出版社	3
	汕头大学出版社	3
	中国大地出版社	3
	山西教育出版社	3
	大连海事大学出版社	3
	哈尔滨出版社	3
	济南出版社	3
	中国海洋大学出版社	3
	孔学堂书局	3
	天津社会科学院出版社	3
	昆仑出版社	3
	哈尔滨工程大学出版社	3
	河北美术出版社	3
	西安地图出版社	3
	中国科学技术大学出版社	3
	贵州民族出版社	3
	现代教育出版社	3
	东北大学出版社	3
115（24 家）	天天出版社	2
	中国石化出版社	2
	兰州大学出版社	2
	广西人民出版社	2
	哈尔滨工业大学出版社	2
	国家行政学院出版社	2
	云南民族出版社	2
	新疆人民出版社	2
	陕西旅游出版社	2

名次	出版社名称	2019 年进入世界图书馆系统品种数
	中国科学技术出版社	2
	上海外语教育出版社	2
	湘潭大学出版社	2
	河北科学技术出版社	2
	泰山出版社	2
	中国宇航出版社	2
	东北财经大学出版社	2
	西苑出版社	2
	教育科学出版社	2
	人民教育出版社	2
	中国农业大学出版社	2
	中国人事出版社	2
	宁夏人民出版社	2
	北京大学医学出版社	2
	黑龙江教育出版社	2
	深圳报业集团出版社	1
	甘肃民族出版社	1
	龙门书局	1
	西安电子科技大学出版社	1
	希望出版社	1
	中国标准出版社	1
	华艺出版社	1
	燕山大学出版社	1
116（36家）	农村读物出版社	1
	黄河出版社	1
	连环画出版社	1
	北京体育大学出版社	1
	人民体育出版社	1
	宁夏人民教育出版社	1
	上海科学普及出版社	1
	云南科技出版社	1
	内蒙古科学技术出版社	1

名次	出版社名称	2019 年进入世界图书馆系统品种数
	中国农业科学技术出版社	1
	生活书店出版社	1
	中国地质大学出版社	1
	天津杨柳青画社	1
	广西教育出版社	1
	海风出版社	1
	中国税务出版社	1
	军事科学出版社	1
	岭南美术出版社	1
	贵州大学出版社	1
	上海锦绣文章出版社	1
	中国时代经济出版社	1
	测绘出版社	1
	青海民族出版社	1
	中国石油大学出版社	1
	中央音乐学院出版社	1
	新疆科学技术出版社	1
	辽宁师范大学出版社	1
	上海文汇出版社	1

由表 1、表 2 的数据可以发现以下三个层面的情况。

第一，与 2019 年度相比，2020 年度海外图书馆永久收藏总品种数依旧呈现下滑趋势，并未有所改善。这是连续第四年下滑，下滑幅度进一步加大。2020 年度共有 475 家出版社的 18208 种图书进入海外图书馆系统永久收藏，与 2019 年度相比，减少了 5960 种，这是连续第 4 年中文图书入藏品种数下降，且呈现断崖式下降。（2019 年度入藏总品种数为 24168 种，比 2018 年度的 24757 种减少了 589 种。）

入藏海外图书馆品种数量的下降，主要是由于内外因的双重作用，这与前几年的情况基本一致。其一是外因：海外机构用户，特别是大学以及研究机构的图书馆，限于馆藏空间以及采购经费的不足，对于纸质图书的采购一直呈现逐年下滑状态，客观上进一步加大了对中文新书品种在思想性、原创性、不可替代性等方面的综合筛选力度。其二是内因：中国出版机构近年来着力控制图书新品种数量、优化图书结构，这促使多年来依靠新品种拉动产业规模的发展模式发生改变。供给决定需求，新书品种总量减少，自然也影响了新书入藏海外机构图书馆的总规模。

第二，人文社科综合实力大社排名稳定，地方出版机构知识创新、知识生产活力依旧引人注目，新进入百强的地方出版机构持续增多。在 2020 年度中国出版机构海外馆藏百强榜的名单中，有 8 家新进入 30 强，73 家新进入 100 强，新进入榜单的机构数远远超过去年（2019 年度有 7 家新进入 30 强，38 家新进入 100 强）（见表 1）。这表明地方出版机构在知识生产、知识创新方面成为中国出版界的一股重要力量。如新进入 30 强的接力出版社，2020 年度有 138 种图书被海外图书馆系统永久收藏。接力出版社是一家专门出版青少年读物的出版机构，近年来，版权输出数量逐年递增，国际业务日益繁多。截至 2019 年 10 月，接力出版社 2019 年版权输出图书达 118 种，同比增加 9.26%，版权输出到英国、法国、瑞典、韩国、越南、尼泊尔等国家和地区。2020 年 5 月，接力出版社更是荣获博洛尼亚年度最佳童书出版社大奖，彰显了其在童书领域的国际影响力。新进入 30 强的巴蜀书社、河北大学出版社、上海文艺出版社，2020 年度皆有 134 种图书被海外图书馆永久收藏，与法律出版社、清华大学出版社、广东人民出版社并列第 27 名。默默无闻的河北大学出版社从上年度的第 134 名一跃成为如今的第 27 名，其原因主要有二。一是 2019 年河北大学出版社收集、整理和出版了《徐世昌文献辑刊》，这也是近 20 年来地方出版社承担地方文献古籍整理出版工作的延续。该辑刊数量众多，共 124 册。二是中文历史典籍类图书一向是海外图书馆馆藏中国图书的主要门类。作为历史文献典籍的《徐世昌文献辑刊》是 2019 年海外图书馆馆藏的重点书目。新进入 30 强的出版社还包括中国少年儿童新闻出版总社（以下简称"中少总社"）。中少总社近年来一直深耕于国际版权贸易，加强国际合作，推动中国儿童图书走出去；与此同时，不断提高自身原创能力，大力开发原创图书，取得了一系列成效。中少总社在 2018 年完成对"米莉茉莉"品牌的收购工作，在原有基础上加入全新的中国元素，推出"米莉茉莉和莉莉成长故事"系列图书。2019 年 10 月 17 日，该系列多语种签约会于德国法兰克福书展中国联合展团活动区举办。新进入百强的甘肃少年儿童出版社，2020 年度有 59 种图书被世界图书馆系统永久收藏，与北岳文艺出版社并列第 61 名。新进入百强的上海教育出版社（2019 年度排名第 114），在 2020 年度有 47 种图书被世界图书馆系统永久收藏，与上海大学出版社并列第 71 名。总而言之，地方出版机构日益占据优质中文图书出版的重要地位。

　　第三，中国当代文学类图书依旧最受青睐，这一热度延续近 11 年，未见衰退。从 2000 年以来，中国当代文学图书一直是海外图书馆界收藏的大宗品种，其中最主要的动力来自数量众多、体系稳定的北美公共图书馆系统，这在前几年的报告中多次做过详细的分析。

　　与以往研究报告一样，本课题组仍然将收藏图书馆数量 30 家作为一个最低的评选标准，以此遴选 2020 年度海外馆藏影响最大的中文图书榜单。具体见表 3（表 3 里的 1、3、4、6 为文学书，并非以往虚构类一统天下的格局，反而人文类图书比往年多。作为引进版又出口的《成为：米歇尔·奥巴马自传》的上榜，是否说明海外公共馆在服务中文读者阅读方面做得很好呢？）

表 3　　2020 年度海外馆藏最多的中国图书（中文）排行榜

单位：家

排名	图书	作者	出版社	收藏图书馆数量
1	《人生海海》	麦家	北京十月文艺出版社	57
2	《中国绘画中的"女性空间"》	巫鸿	生活·读书·新知三联书店	51
3	《成为：米歇尔·奥巴马自传》	米歇尔·奥巴马著、胡晓凯、闫洁译	天地出版社	44
4	《云中记》	阿来	北京十月文艺出版社	39
5（2个）	《隋书》	魏征等撰	中华书局	39
	《大唐传载》（外三种）"唐宋史料笔记丛刊"	罗宁	中华书局	31
6（3个）	《绝对循环》	天下霸唱	中国文联出版社	30
	《速求共眠：我与生活的一段非虚构》	阎连科	百花洲文艺出版社	30
	《月落荒寺》	格非	人民文学出版社	30

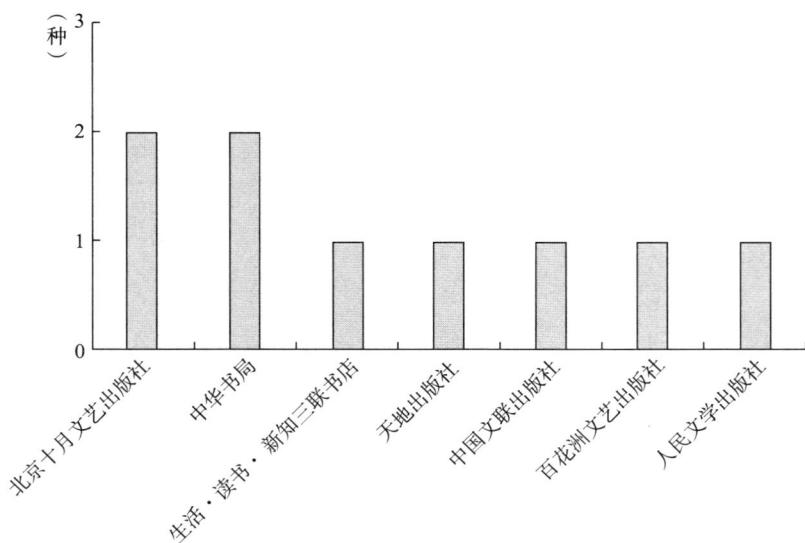

图1 2020年度海外馆藏品种排名居前的出版社

通过表3、图1可以发现，2020年度上榜图书只有9种，比2019年度少12种，与2018年持平。中华书局与北京十月文艺出版社并列第1名，均有2种上榜。两家出版社各有特色，一个是资历深厚，以整理出版古籍见长；另一个以出版文学艺术类图书为主，是中国当代文学界最为知名的原创文学品牌出版机构之一。其余的出版社分别是生活·读书·新知三联书店、天地出版社、中国文联出版社、百花洲文艺出版社、人民文学出版社，分别有1种上榜。

9种海外馆藏最多的中国图书（中文）中，收藏图书馆数量排名第1的是北京十月文艺出版社推出的作家麦家的《人生海海》，收藏图书馆数量57家。麦家不仅是中国当代作家中最具世界影响力的作家之一，而且是在西班牙语世界影响力最大的作家之一。《人生海海》是麦家2019年出版的作品，更是他沉寂八年之后的力作。该长篇小说讲述了一个叫"上校"的人与一个时代缠斗一生的故事。整个故事可读性非常强，情节发展顺畅，故事不复杂又总有悬念，将深刻藏于细节，整本书没有惊天动地的大事，却能于无声处震撼人心。排名第2位的是由巫鸿创作的《中国绘画中的"女性空间"》，由生活·读书·新知三联书店出版，海外收藏图书馆数量为 51 家。该书围绕女性空间，梳理了从战国到明清各个历史阶段中女性主题绘画的发展状况，以图文并茂的方式，展现女性在各种绘画场景和时代中的不同角色，结合艺术评论、时代背景等因素，深度挖掘作品背后审美价值和商业价值的相互影响，进而思考女性题材绘画在社会、宗教与文化环境中的意义，堪称一部大众学术畅销书。排在第 3 名的是天地出版社推出的《成为：米歇尔·奥巴马自传》，由米歇尔·奥巴马著，胡晓凯、闫洁译。该书是前美国第一夫人米歇尔的自传，详细披露了米歇尔的出生成长背景、家庭生活情况，以及面对竞选时的矛盾抉择和入驻白宫后的生活。借助该书的全球热销，中文版至今销量突破 30 万。

简而言之，2020 年度海外收藏图书馆超过 30 家的 9 种图书，从内容分类看，绝大多数作品是中国当代文学，这表明中国中文图书在世界机构市场上最有影响力的类别仍然是中国当代文学，也是 21 世纪以来持续 11 年增长的门类。

二 国际出版能力稳步提升，中国成为世界出版中心之一

与 2019 年度一样，2020 年度的研究报告继续监测中国近 600 家出版机构自 2019 年 1~12 月出版的英文图书品种馆藏数据。相比 2019 年度，2020 年度进入世界图书馆系统英文品种的中国出版机构的总体数量达到 85 家，与 2019 年度相比多了 30 家，增长率达 54.5%。永久收藏品种数量达到 419 种，净增 79 种。这表明中国出版的国际出版能力稳步提升。分析其原因，主要在于两个方面。第一是近十年来政府加大了出版"走出去"力度，丝路书香出版工程、经典中国国际出版工程、中华学术外译计划等重大出版工程达到了预期的效果，有力推动提升了中国出版机构的国际出版能力，尤其是提升了英语出版能力；第二是随着中国政治、经济、文化的综合影响力日益增强，作为中国文化世界影响力的核心主体——中国出版的国际化水平得到了快速提升。中国出版机构与国际出版机构的交流日益频繁和密切，国际书展、合作出版、版权交易以及股权收购等多种形式不断创新，中国出版的国际化水平稳步提升。2020 年度进入海外图书馆系统

英文品种的中国出版机构前 10 名见表 4。

表 4　2020 年度进入海外图书馆系统英文品种的中国出版机构 TOP10

单位：种

排名	出版社	品种数
1	五洲传播出版社	46
2	外文出版社	42
3	人民卫生出版社	20
4	中国人民大学出版社	17
5（4家）	上海外语教育出版社	15
	哈尔滨工业大学出版社	15
	东南大学出版社	15
	科学出版社（中国科技出版传媒集团）	15
6（2家）	清华大学出版社	12
	广西师范大学出版社	12
7	中国社会科学出版社	11
8（2家）	外语教学与研究出版社	10
	化学工业出版社	10
9	电子工业出版社	9
10（2家）	科学技术文献出版社	8
	社会科学文献出版社	8

　　通过表 4 的数据可以发现，五洲传播出版社仍然位列 2020 年度排行榜榜首，2020 年度有 46 种英文图书被海外图书馆永久收藏，比 2019 年度增加了 7 种；排名第 2 的依旧是外文出版社，2020 年度有 42 种进入海外图书馆系统，比 2019 年度增加了 16 种；排名第 3 的是人民卫生出版社，2020 年度有 20 种进入海外图书馆系统。排名前 10 的 16 家出版社（2019 年度 22 家），既有长期从事对外出版的专业出版机构，如外文出版社；也有大学出版社，如中国人民大学出版社、东南大学出版社、哈尔滨工业大学出版社、清华大学出版社、广西师范大学出版社等；以及具有专业资源的品牌出版机构，如在中国哲学社会科学领域具有优势资源的社会科学文献出版社、科学技术文献出版社等；还有在电子、化学等领域具有专业优势的出版社如化学工业出版社等。此外，最明显的一点就是在前 10 名的

16家出版社中，大学出版社有5家，占近1/3。这表明作为国际出版能力的一个重要标志——英文图书出版，必须有外语人才的积累优势。预计未来会有更多的大学出版机构有上佳的表现。

表5的数据展现了中国出版机构外文图书出版的基本面貌。相比2019年度，2020年度在总量上虽有所减少，但综合考量内外因素，仍在课题组的预测范围内。上海新闻出版发展公司的表现依旧抢眼，2020年度共有2种图书上榜，而且都是儿童绘本图书，分别是《小老鼠与金种子》和《我有一个动物园》。前者收藏图书馆数量为50家，后者收藏图书馆数量为49家。上海新闻出版发展公司是中国出版机构中专门面向海外市场的一家专业出版机构，团队精干，堪称中国出版机构拓展欧美市场的先锋，在选题内容策划、封面设计与装帧、渠道分销与发行等多个方面积累了独特的经验。如面对欧美读者，主打中国传统文化内容，"中华文化"加上现代表现元素，传统内容、世界表达，使这家公司的英文出版物深受欧美读者的青睐。其中最为著名的是"中国生肖系列绘本"，（《小老鼠与金种子》就是该系列绘本之一），在亚马逊、goodreads等公共互联网平台上获得欧美读者的热捧，凭借的就是对中国传统内容的扬弃和创意性表达以及对欧美读者阅读习惯的把握。我们期待其他出版机构也像上海新闻出版发展公司一样，能够面向中东阿拉伯世界和拉美西班牙语世界的读者，推出更多具有世界性的中国文化产品。

表5　2020年度进入海外图书馆系统的外文图书排行榜

单位：家

图书	出版社名称	作者	馆藏数量
《小老鼠与金种子》（*The little rat and the golden seed*）	上海新闻出版发展公司（纽约连线出版社）	李建等	50
《我有一个动物园》（*I have a zoo*）	上海新闻出版发展公司（纽约连线出版社）	Xiao Mao（author），Liang Peilong（illustrator）	49
《英文语法图鉴：掌握核心形象》（英文法キャラ図鑑：核心のイメージがわかる！）	新星出版社	关正生	31

图书	出版社名称	作者	馆藏数量
《梅汝璈东京审判日记》（*The Tokyo trial diaries of Mei Ju-ao*）	同济大学出版社（麦克米伦出版社）	梅汝璈	30
《文化的帝国：20世纪全球美国化研究》（*The empire of culture：the study of global Americanization in 20th century*）	中国社会科学出版社	王晓德	30

2020年度上榜的还有新星出版社的日文图书《英文语法图鉴：掌握核心形象》，同济大学出版社的英文图书《梅汝璈东京审判日记》，中国社会科学出版社的英文图书《文化的帝国：20世纪全球美国化研究》。面向日本读者出版学习英语的日文图书，2020年是第一次上榜；后两本属于历史类、学术类图书。三本书的上榜极具标志性意义。2021年既是中国共产党建党百年，又是中华民族伟大复兴的关键时刻，我们期待更多的按照中国思想、中国价值解释中华民族百年历史崛起的外文学术图书获得上佳表现，同时也希望中国教育、学术、儿童等领域的图书出版机构，出版更多面向区域与国别读者的图书。可以说，在中华民族的历史上，今天的中国，比任何一个历史时期都更熟悉世界、更了解世界；今天的中国人，比任何一个历史时期与世界其他国家的联系、互动都更紧密、更频繁。中国出版不仅需要阐释中国，也需要阐释世界，中国出版要承担和完成从阐释中国到中国阐释的转变。

与2019年度报告一样，2020年度的研究报告以出版地为标志，给出了中国城市的英文出版品种数量排名。由表6可以发现，2020年数据显示，以出版地署名的城市从2019年的20个减少到今年的18个，品种数为1171种，总量比2019年度减少了574种。这些数据表明，虽然由于国内优化出版产业结构、书号总量控制，英文图书出版总量有所下降，但中国出版机构的英文出版能力已经达到了一个稳定的水平。

表6　2020年度英文品种出版地署名中国城市一览

单位：种

排名	城市	英文品种数
1	北京	866

续表

排名	城市	英文品种数
2	上海	224
3（2家）	南京	20
	杭州	20
4	武汉	7
5	广州	6
6	成都	5
7（3家）	哈尔滨	4
	长春	4
	天津	4
8	长沙	3
9	郑州	2
10（6家）	昆明	1
	重庆	1
	兰州	1
	沈阳	1
	银川	1
	大连	1

课题组通过收集、整理数据发现，2020年度众多海外出版机构甚至跨国出版集团纷纷在中国设立出版分支机构开展出版业务，推出了专业数据库、计算机软件、艺术设计、语言教育等系列产品，中国已成为近20年来全世界购买力最为强劲的市场中心之一。具体到图书出版上，如海星湾出版社（Starfish Bay Publishing）是一家来自南澳大利亚的出版社，以童书出版为主，自2015年开始翻译出版众多中国童书，目前北京、上海已成为海星湾出版社开展出版业务最重要的城市。这表明中国图书市场，已经成为世界出版的中心之一，并且中心特色越来越明显。

总之，与2019年度一样，本研究报告再次提出三个层面的建议。

1. 着力提升跨文化、跨语种的出版能力

中国出版机构的图书、期刊、数字化产品不仅能够满足中文本土读者的需要，还要能够被不同国家、民族以及不同文化区的人们所接受和喜爱。若以跨语种图书出版数量作为评判标准，当前中国出版机构的跨语种出版能力，除能够规模化出版英语、西班牙语、阿拉伯语等通用语种的图书之外，对于"一带一路"国家和地区使用人口数量大、对于中国发展道路与经验具有强烈需求的语种，如印地语、乌尔都语、孟加拉语等语种图书的出版仍然是凤毛麟角。为此要有针对性、有步骤地突破不同文化区的文化隔阂，夯实跨文化、跨语种的出版能力建设基础，推动其向纵深发展，进而稳步提升自身的跨文化、跨语种出版能力。

2. 持续扩大跨地域、跨国别的市场占有率

持续扩大跨地域、跨国别的出版市场，意味着未来中国出版机构不再以中国为单一市场，还要面对世界不同国家、地区的读者需要，在出版对象国有针对性地开展出版活动。一个国家出版的文化产品能否开拓跨地域、跨国别的市场，能够在多大程度上占有这个市场，是这个国家能否成为出版大国的核心指标。中国出版界要主动作为，积极抓住历史难得机遇，建立海外"桥头堡"，针对海外市场需要，逐步提高跨地域、跨国别的市场占有率。

3. 努力汇聚世界化、多元化的出版人才

所谓世界化、跨文化的出版人才，意味着未来中国出版企业不仅要以中国员工为主，还要拥有大量具有不同文化背景、不同宗教信仰以及来自不同国家和地区的编辑、出版和发行人才。2020 年初的一场世界性疫情，与以往历次重大危机一样，都孕育着危与机。对于中国出版而言，最大的机会就是，当下是海外并购、招纳人才的最佳时机。

名家视域

拨开不可通约的迷雾

——从古汉语老子走向现代英语的《道德经》

居延安[*]

　　我本是复旦大学英国语言文学系五年制本科生，因受"文革"的影响，拖了一年，本科读了六年。说是"读了"，其实是"混了"。1978年恢复研究生招生，我报考了复旦大学外文系现代英语专业研究生，出乎意料的是，我获得了百里挑一的复试机会。经原复旦大学外文系总支书记袁晚禾教授鼎力举荐，我被复旦大学新闻系录取为国外新闻事业专业的研究生。三年研究生毕业，我作为复旦大学第一批出国深造的访问学者，被分配到纽约州立大学奥本尼分校，1982年3月去，1984年末回，工作两年有余。

　　回国后我担任了复旦大学新闻学院国际新闻教研室主任，带过两届国际新闻专业双学士的学生。这些学生毕业后大多去了新华社，从事对外英语报道或当驻外记者。那是激情燃烧的80年代啊，我也是正当年，主持翻译了大量关于外国新闻事业的材料和作品，特别是组织翻译了当代跨文化沟通和传播泰斗式人物霍尔的《超越文化》（上海文化出版社出版）。在激情燃烧的80年代，我还出版了被称为经典的"一书一文"。"一书"是《信息·沟通·传播》，此书为国内学者撰写的首部传播学专著，由上海人

---

[*] 居延安，哲学博士，现任美国中康州州立大学传播系教授。曾任复旦大学新闻学院副教授、国际新闻教研室主任，美国夏威夷东西方研究中心特聘高级研究员。中文著作有《公共关系学导论》《艺术社会学》等。在美国出版的英文著作有《理解中国：第四种力量的中心舞台》《高速管理中的团队协作》《长城废墟：中国传播与文化变迁》等。除执教和著述外，同时从事组织关系管理、中美管理文化和体制比较的研究和咨询，现任美国DhinaDirect公司首席中国事务顾问。

民出版社出版。"一文"是在《复旦学报》发表的《关于跨文化传播的几个问题》，这是国内首篇跨文化传播学的论文。20世纪80年代后期，上海人民出版社出版了我的《公共关系学导论》，学林出版社出版了我译编的国际艺术史泰斗豪泽尔的巨著《艺术社会学》。

　　1988年，我离开上海，落脚地处太平洋中心的夏威夷，与朱谦合作撰写了《长城废墟：中国传播与文化变迁》这一具有里程碑性质的著作。1982～1984年我拜学于美国传播学泰斗之一唐诺德·库什曼教授麾下。1988年夏天我去夏威夷时，他把我推荐给中康州州立大学校长约翰·休梅克。我在夏威夷东西方中心文化与传播研究所朱谦门下热身两个月后，就去了地处东海岸的中康州州立大学，开讲"跨文化沟通"一课。讲中西文化对比时，我总从源头讲起。讲西方，就要讲"雅典三贤"苏格拉底、柏拉图、亚里士多德。讲中国，就要讲中国的儒、释、道。

　　就这样我走上了"道"的不归路。我首先读了林语堂的《道德经》英译本，并推荐给学生，但学生普遍反映"读不懂"。我问"是英语读不懂"，还是"文字背后的语义读不懂"，学生回答"都读不懂"。英语《论语》读本，佛家教义读本，相对容易些，为什么唯独英语《道德经》就读不懂了呢？为了让我自己读懂、读顺英语《道德经》，我试着了解了美国近代超验主义哲人爱默生——西方的老子。我读爱默生的感受是，与其说爱默生是"西方的老子"，还不如说他是"西方的庄子"。林语堂译《道德经》，也大多是从庄子的生命说来解说老子的。我无疑受到了爱默生和林语堂的影响，这种影响体现在我英译《道德经》的第一稿。我为何要译《道德经》呢？就是因为学生抱怨林语堂的译本过于艰涩。我的尝试，是我努力做到英译《道德经》口语化，我的依据是老子的时代是个口语时代，《道德经》的文本也留下了诸多的口语痕迹。

　　我译《道德经》第一稿的时候，是从古汉语直接跳到现代英语的，觉得这样译起来比较轻松。我译第二稿的时候，企图另辟蹊径，尝试把老子从古汉语先译成现代汉语，然后再从现代汉语过渡到现代英语。令我没想到的是，把古汉语老子译成现代汉语老子竟然如此艰难！我必须大量地加词，或减词，一加一减，横着读不畅，竖着读无趣。我忽然醒悟，不是我无能，而是《道德经》是不可译的！顺便说一句，我曾读过不少的"现代汉语老子"，发现没有一本是让我满意的。第二稿我译到第二十章，就停止了。第二稿试译以失败而告终。

2018年，我开始第三次尝试再译。这次译，我做了两个决定，一是我要直接把古文《道德经》译成现代英语《道德经》，二是把我选的上海古籍出版社出版的冯达甫版本的《老子译著》看作一部《君王论》，把整部《道德经》看作他对君王的告诫。于是，我决定与上海译文出版社签约。《道德经》作为百种世界学术经典中的一种中国古代经典作品，要让读者，特别是年轻读者，在中、英两种文字的跨越中，欣赏老子智慧的旷达和深邃，享受老子哲学被诗化和口语化后产生的美感和想象空间。我译的这部英文《道德经》的最大特点就是通俗易懂。我试图以此来提高国外那些说英语、国内那些学英语的读者的兴趣。同时，我希望这将是一次"翻译拉动经典"的试验，看如何借用现代英语来帮助世界各地的中华儿女和国外友人学习、欣赏中国的这部伟大经典。

读者在中、英两种文字之间来回跨越的诵读中可以发现：首先，英译本对原《道德经》译文的标点做了一些变更；其次，英译本对全部八十一章做了若干新的断句和段落处理；再次，英译本的文体风格更加诗化和口语化；最后，英译本为忠实于《道德经》原著做了努力。

如果读者要问我，八十一章中哪一章是我最得意的译章，那么我的回答是第六章。《道德经》八十一章中字数最少的一章是第四十章，全章不过21个字。除第四十章之外，字数最少的就是第六章了，总共25个字。第六章的行文是："谷神不死，是谓玄牝。玄牝之门，是谓天地根。绵绵若存，用之不勤。"我的译文是："The spirit of the valley never dies, which informs the mysterious femininity. At the door of this femininity lies the very root of heaven and earth. Continuously flows the valley, confirming life's eternity."我觉得有两处译得比较好，一处是"谷神不死，是谓玄牝"，译为"The spirit of the valley never dies, which informs the mysterious femininity"，关键是"是谓"二字译成了"which informs"。另一处是"绵绵若存，用之不勤"，译成"Continuously flows the valley, confirming life's eternity"，关键是现在分词confirming在此处的作用。尽管"绵绵若存"没有主语，但这里显然是指"峡谷"，"若存"指峡谷一直在流淌着的水。"用之不勤"也没有主语，谁来用那水呢？老子是在说，峡谷的"绵绵若存"，是用来证明生命的永恒性。

《道德经》第三章末句 7 个字："为无为，则无不治。"我的译文："Act without acting, and there will be no place that can not be governed." 这里有两个"为"，"无为"的"为"，指的是违反道的、不合自然规律的、为一己私利服务的事情不可做、不可为，"为无为"的第一个"为"，指的是符合道的、合自然规律的、不为一己私利服务的事情可做、可为。读者读懂了"为无为，则无不治"这 7 个字，就读懂了《道德经》的一半。

《道德经》八十一章浸淫着老子的"守中"思想，说得最为直接的是第五章的"多闻数穷，不如守中"这八个字。早先的许多版本是"多言数穷，不如守中"。一个说多闻多听不好，一个说多言多话不好，但都说了"不如守中"。这里的"中"字，大多理解为"守静""守心""守道"，儒、释、道三家都讲"守中"。我觉得翻译不是解释，更不是演绎，而是两种不同象征符号系统之间的转换，因此这个"中"字译为 middle，是最合老子的原意的。第五章的"多闻数穷，不如守中"，我译成了："Hearing too much will leave you with no strategies or tactics; it's better to hold the middle."

"上善若水"，历来不少译家把这里的"善"理解为"从善"的意思，我以为是老子的"不争"思想。老子的"不争"思想在《道德经》里随处可见，名句"上善若水"是第八章的首句。我觉得老子于此通过对"水性"的描述，强调的是他的"不争"思想。《道德经》开篇全句是"上善若水，水善利万物而不争"，结句是"夫唯不争，故无尤"。我把"上善若水，水善利万物而不争"译成了："The highest good is like water. Water is good at benefiting all things and creatures; it never competes to have a higher hand."

《道德经》第二十二章首句"曲则全"三字怎么译？注家译家大多译为"委屈，反而保全了"，我以为冯达甫理解的"有了部分，才有全部"更契合语境。严复说："曲，一部分也。"因此英文我译成了"It is partial, therefore it is complete." 曾被称为近代欧洲哲学之父的笛卡尔，有一句名言叫"我思故我在"（I think, therefore I am），这里的"曲则全"的英译就采用了笛卡尔的句式。受到笛卡尔影响后来又影响了尼采的黑格尔，不知是否读过1788年译成拉丁文的第一部传往欧洲的《道德经》，如果读过，那么黑格尔一定从这二十二章中感受了老子的辩证语言的魅力："曲则全，枉则新，少则得，多则惑。"《道德经》这一章的目的不是谈哲学、辩证法，而是要告诉君王"执一为天下牧"，即顺应大道，为天下人做出榜样。

《道德经》第二十五章中有"道法自然"四字警句。这一章说了冥冥宇宙间有"四大"："道大，天大，地大，王亦大。"本章有两大读点，第一，老子特别指出"域中有四大，而王居其一焉"，可见王者（领袖）的重要性。第二，说了人、地、天、道、自然之间的层级关系："人法地，地法天，天法道，道法自然。""道法自然"四个字，说出了道的最终依托所在。这里的"法"怎么译？林语堂把这里的"法"译作"model after"，意思是"效法于"，强调具体的效仿方法。我以为具体是无法效仿的，因此我把"法"译成了"submit to"，意思是"受制于"，强调的是内在的不可违抗的"谁属谁统领"的关系。

《道德经》八十一章，章章都有翻译的难题，不是这篇小文所能说全的。我最后再举一个例子。《道德经》第七十三章末句云："天网恢恢，疏而不失。"这是一句运用至今的成语。这句成语常常用于如何处置坏人坏事，说的是谁是坏人，谁做了坏事，迟早会落入恢恢之天网。可惜千百年来，成语的一半意思被疏忽了，那就是上天盯着的不总是坏人，关照更多的是好人，特别是那些受了冤枉、暗算的好人，那些被恶势力视为眼中钉的斗士和英雄。天网的网眼相当宽疏，具有极大的包容性，永远会保护好人，会拯救和帮助那些被历史和现实伤害或抛弃的平民百姓。为了把这一思想烘托出来，如何来译"天网恢恢，疏而不失"呢？这是我的译文："The net of heaven, with sparse meshes, is so expansive that nothing can slip through."

道者自然：翻译的观念世界

王怡红[*]

2019 年，居延安先生的译作《道德经》（英汉对照版）由上海译文出版社出版。他寄来样书，嘱我以中英双语方式阅读，接着，便是几声急急催促。他关注的是，对于这个作为交流媒介的译本，读者会做何回应。他不甘耗费十年工夫磨就的一剑，在刺破零零细雨之后，尽无半点消息。他要亲耳聆听，在跨越十年翻译断桥之际，那些时光的碎片都去了哪里。他要吱呀推开历史的重门，看见自己曾与这部经典原作艰难合一的阵痛过程。

这是一部尊重原作与译作、作者与译者、译者与读者，通过翻译建立与世界多层面关系，既遵循那些具有支配性的翻译法则，又不断追求更贴近《道德经》原作的诗意表达与神性交流的作品。居延安在译后记里记述了他翻译《道德经》的四道门坎：一是原作有长达 2500 多年的时间跨度；二是原作有越过太平洋再涉大西洋的空间难度；三是古汉语与现代英语之间存在不通约性；四是《道德经》不可译的内在神性。这些超历史的大问题从开始便如阴影，横亘在译作与原作之间，使他在翻译《道德经》时，仿佛置身于"万丈深渊的断桥"之上，只能用试探的方式，不断清除障碍。他始终战战兢兢，十年过一桥，"经常是早晨跳过去了，晚上又得跳回来"。无疑，这是一个漫长的前进与后退的过程。他必须以不妥协而专注的精神，不断排除各种状况，来来回回，出出进进，直到触及被时间和语言所遮蔽的意义的最深层面。

---

* 王怡红，曾任中国社会科学院研究生院新闻系教授，复旦大学信息传播研究中心兼职研究员，研究方向为人际传播。

　　老子《道德经》存在于特殊时空中，文本独一无二，且译作众多。新译本必须与已形成的时序有所区别，无疑，这种状况加剧了原作难译与不可译的处境，译事也变得明知不可为而为之。翻译新译本是否可能？居延安曾用不可通约性来形容古本今译的巨大难度。采用库恩的观点就是"不可通约性就是不可翻译性"。在探讨翻译经典作品的可能性条件时，本雅明主张从作品的语言与可译性的关系入手，摆脱奴隶性的直译，挣断意译标准的束缚，直接进入翻译的可译性问题中来。他指出，可译性隐藏于原作"某些特殊的意蕴"之中，因此，这个问题并非一目了然。他承认在某种程度上，任何作品都是无法翻译的，但抛开翻译必须臣服原作与支配翻译的传统法则后，本雅明通过可译性存在的证明，从"纯粹语言层面"洞察到了翻译的本质特征。他指出："所谓翻译，就是通过连续的转化，将一种语言转变为另一种语言。贯穿翻译的，是连续的转化，不是抽象的相同性与相似性。"① 可以说，翻译作为一种语言转化的形式，从根本上就深藏于原作之中，不仅如此，翻译还可以试探译者的创造力如何。本雅明这一思想假设有一个前提：如果承认翻译是一种形式，那么人们的思考就会返诸原作，就会看到原作已经自带作品的可译性了，因此"可译性必须是特定作品的本质特征"。② 可译性是与原作同时存在的。原作的水平越高，可译性就越大。这种特征要求翻译通过探讨语言中的隐秘之物，来展现语言之间的彼此联系，实现原作的特殊蕴含，从而完成译者的使命。进而言之，翻译迫使原作与译作发生密切关联，反过来，不可译性又通过原作使翻译成为一种有目的的呈现，在这种形式层面，可译性既表现为历史的、天然的、自由的，也成为连接译作与原作之间的生命线。所以居延安所经历过的"断桥"必须通过翻译的创造性高度，使之不断得到连接和建造，才能重新恢复"桥"作为沟通媒介的自然状态与功能。

　　可以说，居延安的《道德经》译本有语言上的和谐之美。他为翻译《道德经》付出了全部的经验和努力。他在历经二十几部著作和上百万字

---

① 〔德〕斯文·克拉默：《本雅明》，鲁路译，中国人民大学出版社，2008，第 22 页。

② 〔德〕汉娜·阿伦特编《启迪：本雅明文选》，张旭东、王斑译，生活·读书·新知三联书店，2012，第 82 页。

的出版磨炼后，已是翻译上的得道者。他善用"断桥"作为翻译的隐喻，负重前行，不断从断裂处攀缘而上。当他不断在桥的断裂处冒险跳跃时，还要回身强迫自己与"断桥"的状况相同，即便冒着掉下去的风险，他仍然相信能找到一条隐秘的小径，重新站稳。他在这种断裂的困境中，不断发现不同语言在相互转化时所发生的互补关系，在语言相关性的原则上，他所呈现的是彼此互译、彼此展示，呈现出的是原语文本和目的语文本相亲和的关系之美。这种美虽然充满象征和暗示，却与翻译对原作事物的认识并行不悖。因此，居延安才能在饱受数日的磨难之后，得到诸如"绵绵若存，用之不勤"（Continuously flows the valley, confirming life's eternity）这样的翻译佳句。

从断桥式的不可译到翻译语言的创造所带来的沟通的弥合感，居延安的翻译实践足以表明，在所谓的"本源语"（source language）和"译体语"（target language）的对立之间，译者可以从不同语言文化所带来的分裂性关系中站立起来，让翻译的语言恢复为最为本己的生命体，如此才有力量自觉地走进构成这种对立而断裂关系的历史脉络中去，将语言之间的差异与相互排斥转化为语言之间的和谐之美，将原作对翻译的约束关系转变成与翻译共存和共享的创造性关系。正因如此，"断桥"才会有止境，译者才能在架设沟通之桥时，心甘情愿地充当桥的主体，而不至于从一个深渊跌入另一个深渊。

可以说，"断桥"成全了译者不断寻找沟通与交流的新方式，开辟了一条新道路，往往能消弭语言之间的相互排斥。居延安历经十年磨砺的这个译本已让我们觉察不到介于两种语言之间的陌生感，甚至连他自己也分辨不出译作与原作哪个才算是他的外来语言，谁主谁次，谁又受到谁的影响与塑造。无疑，这是在语言之间经历相互确认与和解之后，才会获得的翻译的整体感与和谐感，这也给译本的阅读者带来了愉快和明晰的感觉。因此，我们可以接着他在后记里的话说：在居延安讲授跨语言沟通的历史场景中，无论有多少学生坐满他的课堂，他都可以很自信地夸下海口，让他来为他的学生翻译一本"全世界最容易读的《道德经》英译本"。

应该肯定，得道者这种唯美的翻译实践既是一种跨语际的交流过程，也是一种跨文化的交际过程，其间必然会充满跨文化交流的困境。20 世纪

80 年代末，以色列特拉维夫翻译学派的代表人物基迪恩·图文（Gideon Toury）提出了翻译是一种跨文化交际过程的观点。① 中外跨文化交际的翻译经验是一致的。佛经被译成汉文时，因文化差异会有增损。钱钟书先生指出，糟糕的译文不外乎表现为"彼此隔阂不通"（failure in communication）。② 但拥有跨文化交际能力，懂得这种沟通交流语言的人一定会给予补偿，会在翻译水准与再现文化特征上占先。居延安在两种语言文化环境中都有超过 30 年的沉浸。他凭借多年跨两种语言文化教学的优势，既能以"本源语"文化为依归，又能以"译体语"文化为使命，在两种文化的传译之间，他以十年的耐力，小心地使用必要的紧张感，以缩小不同文化之间的隔阂。当他在两种看似不可通约的语言文化之间，为翻译的可译性寻求沟通的基石，构建出语言的内在关系时，桥的断裂之处便被一点点地弥合了。

居延安的译本有语言的简明之美。老子有言"天下难事，必作于易"。天下的难事，一定从容易做起。居延安特别看重阅读上的 easy 感。在众多《道德经》译本中，他用"easy"表明自己这个新译本的突出特点。"easy"的含义是"容易"，作为清除阅读障碍的着手之处，他在使文本读起来感觉不难、明白晓畅之处十分用力，做到明白通顺却很不易。应该说 easy 的感觉不是从简化译者所遇到的问题得来的，容易读的译本既不是靠直译取胜的，也不是寻找抽象的带有相同或相似性的语词进行遣词造句，只对字面含义进行解释，更不是照搬原作的句式，忽视语言之间的联系，或将变化多端的语言处理得过于随意与凌乱。翻译的难处在于译者如何创造性地呈现那些潜在地包含在原文中的意蕴或内容，在于小心翼翼地将其处理得简明易懂，含义清晰可见。

"易"常与现实中的"浅""微""俗""小""拙"等词相近，又与"简"密切关联。然而，老子言说的"简"是"由简致远"，一种充满无穷意味的道，"其上不曒，其下不昧"。这种大道至简的思想也贯穿了居延安的全部译文。这与他做翻译时一贯推崇"字字皆辛苦"的气质有关。居

---

① 张建萍、赵宁：《图里翻译理论中译者的使命研究》，《中国矿业大学学报》（社会科学版）2008 年第 2 期，第 143 页。

② 钱钟书：《钱钟书论学文选》第四卷，苏展选编，花城出版社，1990，第 374 页。

延安的翻译风格追求返本复初，激发并昭示原作"其中有象""其中有物""其中有精""其中有信"的隐含意义。他极力把握老子朴素的辩证思想，抓住汉字字义中蕴含的辩证法，建立事物之间对立与转换的交融关系。如比较笔者手中《道德经》第六十三章的两个译本，可见"大小多少，报怨以德"在译法上的区别。任继愈先生的译本是"Whether it is many or few, good or evil, I always repay with virtue"，这一译句有两个特点：一是在句首使用 whether 引导的宾语从句来加强主语的语气，向读者传递作者"我"对一种价值观念的主观性选择；二是译者使用"good or evil"（善恶）这对更为抽象的价值语词替换了原作中"大小"这一对表示事物性质关系的语词，而且省略了与"德"相对应的"怨"字的翻译。相比较，居延安的译本处理的方式是："See big in what is small, and see more in what is less. Return virtue for hatred"，居延安用了一个能调动感官的相似动词，加上 what 引导的宾语从句，创造性地呈现出"大生于小，多起于少"之间隐含的、不易感知与觉察的思想联系。如果说任译本向读者显露的是主体在主观上的一种意愿的封闭性表达，那么居译本则通过扩展译文的界限，完全敞开了阅读者主体的选择与意愿。这种译法更接近本雅明所说的译作参与创生了原作世界观的实质性部分，不仅使"大小多少"这些不同因素之间不可分割地交织在一起，而且揭示出老子"大小多少，相因而有"的辩证思想。确切地说，这种更为自然的处理方式与老子的辩证观根植于事物本身是相称的。居延安的翻译正是带着这样一种朴实的面孔，诸如"see"之后的一彰一隐，一前一后，使原作的辩证思想在读者心河中映出清晰的回声。

简明的翻译之美讲究接近事物本身。古代翻译理论讲"辞旨如本，不加文饰，饰近俗，质近道"，不用修辞，反而更易相通。"从此而省彼，因此而及彼"，尽管简约，却辞微而义远，能触及要点。正是如此，翻译不一定非用大词，或用特别抽象的词，用得不当，极容易失真。取词用力太大了也不行，鞭长莫及马腹。小之胜大，用好小词虽然不易，但用到好处时，可以春风化雨。居延安说："我写书、讲课的一个最大的秘密就是简单。"可以想见，居延安所体验的翻译之难，难在用"简明"二字处理不同语言之间的紧张关系，难在译者一边要贴合原文意蕴，另一边又必须及时保持审慎的举步维艰。

居延安的新译本坚持了沟通的理念。翻译要忠实原作，译者必须臣服于原作，这一著名翻译理论首推严复的"译事三难：信、达、雅"。这一经典的理论概括成为人们谈论翻译问题与评价翻译水准的第一准则。人们喜欢抛开译者的沟通观念，直接从字面上断定译作得到理解和接受的水平。中国的译论传统源远流长，对译事非难者甚多。据钱钟书先生考证，佛经"译梵为秦"以来，便有"五失本""三不易"之说，人们批评翻译会使原文失去本来面目，甚至有"本"不"失"不成翻译之说。佛典汉译国师罗什形容翻译如同"嚼饭与人"。人们给翻译的定义是："误解作者，误告读者，是为译者。"① 20世纪初，王国维对辜鸿铭英译《中庸》的批评也未留有半点情面，梁实秋在翻译的论争中更是批评鲁迅的翻译是"硬译"。种种批评让译者如同一只"羽毛被拔光的飞鸟"，丑陋得只能从黑暗中起飞。事实上，翻译中的沟通观念是决定译文能否唤起对原作的回声的关键，因此，考察译者如何在翻译层面介入自己对沟通的认识与思考，应该是探讨翻译品质问题的另一个着眼点。

翻译的沟通观念里应该注重意义的传递与传神。20世纪30年代的中国翻译，以瞿秋白为代表的翻译观念独树一帜。这种观点认为翻译可以为本土话语输送养分，能"帮助我们创造中国的现代言语"。鲁迅对翻译的理解也是如此。他认为"译意"绝不是"乱译"，"硬译"也非"死译"。在与瞿秋白的书信讨论中，鲁迅从阅读的角度指出，译书是翻译给有读者层的大众读的，大众可分为"受了教育的"甲等、"略识字的"的乙等和"识字无几的"丙等三种。② 如供给受了教育的甲等人读的翻译就不能那样省力，不会像吃茶淘饭一样，用几口就可以吃完，而必须费牙来嚼一嚼。因此，翻译不仅是输入新内容，而且更重要的是输入新的表现方法，甚至有重构文化的意义。鲁迅的翻译观念是"守信而不顺"。他认为与原意相同便可为"信"。这可以体现在他的一个白话文的译例上："山背后太阳落下去了"，虽然读起来不顺，但他也决不改作"日落山阴"。这种"硬译"是不得已而为之的权宜之计，但这不顺里也有突出强调的不同重点，有新

---

① 钱钟书：《钱钟书论学文选》第四卷，苏展选编，花城出版社，1990，第370~371页。
② 刘宓庆：《文体与翻译》，中国对外翻译出版公司，1985，第516页。

鲜的，有听不惯、看不惯的，有新的字眼、新的句法、新的表现方法。林语堂则强调翻译要"传情达意"。忠实于原文的翻译应该有"传神"的功效。他认为"凡字必有神"。"字神"是指一字的逻辑意义以外所夹带的情感上之色彩，即一字之暗示力。① 用萨皮尔（Sapir）的语词表示是 feeling-tone（情调）而已。每个字都有一个字神。② 林语堂最不情愿自己做一个移译者："我不想仅仅替古人做一个虔诚的移译者，而要把我自己所吸收到我现代脑筋里的东西表现出来。这种方法当然有缺点，但是从大体上说来，确能使这工作比较诚实一些。因此，一切取舍都是根据我个人的见解。"③ 对于这样的个人见解，居延安也十分追随，他在翻译时所获得的神来之笔应该归功于这样一种他特别看重的私有观念。他在翻译第六章"谷神不死，是谓玄牝"（The spirit of the valley never dies, which informs the mysterious）中，将"是谓"译作"which informs"，这一点睛之笔将读者带到"谷神"延生的地方，为顺利阅读、完成理解，燃起一堆既陌生又熟悉的生命之火。

　　翻译是居延安与这个世界交流的形式，也是他的思想与实践活动着力最多的地方。他自嘲自己没有"红颜知己"，翻译是一个让他终生都得吃苦受累的"黑颜知己"。除开他用去十年工夫成就的《道德经》新译本外，在日常教学与研究的巨大压力下，他将自己创作的反映中国 20 世纪 30 年代知识分子境遇的汉语长篇小说《白兰地》译成英文版。他还会连着用十个黑夜与白昼，为大型多媒体音乐剧《弘一》翻译 27 首英文版歌词。应该说，他是用奉献生命的热情，以翻译为灵魂的集结点，让译事成为他生活与精神世界的一股源泉，成为他自己不能放弃的一种生活方式。他译《道德经》也是想通过翻译老子的思想来理解这个纷繁的世界。他受老子的无为思想影响甚大，崇尚以无为之道传达身份与信念。"无为"有自然之义，但无为不是不做事，而是不以树敌来做事。他温和与谦逊的个人姿态在人们喋喋不休的喧嚣或冷战的沉寂中，显得更加醒目。他要寻找导致

① 罗新璋、陈应年：《翻译论集》，商务印书馆，第 500 页。
② 刘宓庆：《文体与翻译》，中国对外翻译出版公司，1985。
③ 林语堂：《人生不过如此》，陕西师范大学出版社，2007，第 4 页。

不同语言从混乱走向和解的内在联系，即使这种努力只剩残余的力量，他也要找到上帝在创造这个世界时所使用的具有原初启示意义的语言。正是秉持这样的翻译观念，他才能在因语言发生纷争与因文化差异而出现对立的断桥上，始终保持清醒的头脑，并吟唱他念念不忘的"生而不有，为而不恃，功成而弗居"的人生信条。

那么，何者为《道德经》英译的善本？陈鼓应先生指出，中国古典文化译成外国文字，以老子的译本最多，时至今日，每年仍有多种不同的老子译本问世。① 20 世纪 50 年代，北大图书馆已有英译本十几种。② 事实上，几百种不同译本并没有统一的标准，所谓原文也未形成标准，不管是郭店的，还是帛书的，都是互为参照。无论中国读者，还是外国读者，他们都处在一个多元的语言文化系统中，最终的是非正误既取决于实践沟通原则的效果，也取决于译文与原作、读者之间的需求是否匹配。译者不能暴力地对待自己所不能理解的事物或不能翻译的语词，对这类意义进行艰辛而合法的建构，持续着上下求索的内心挣扎，也许只有为翻译而苦的人才能领会到其中间歇的快感。这也正是本雅明作为译者的一种独特体验。他说："译作绝非两种僵死语言之间的干巴巴的等式。相反，在所有文学形式中，它承担着一种特殊的使命。这一使命就是在自身诞生的阵痛中照看原作语言的成熟过程。"③

在北美的华裔学者中，居延安属于对语言要求极高的人，也是一个追求精致的翻译者。作为老子的《道德经》不可译之译者，居延安主动将自己召唤出来，以翻译作为献祭的形式，在断桥与彼岸之间架设沟通的生命线，并让译作从原作的字里行间中生发出来。正如本雅明对译者使命的深刻洞察，凡经历这种努力生发出来的不再是原作的生命，一定是原作的来世。④ 我以为，这不是一种浪漫浮夸地对译作前途的判断，而是对译者在

---

① 陈鼓应：《老子注释及评介》（修订增补本），中华书局，2017，第 8 页。
② 任继愈：《老子绎读》，商务印书馆，2009，第 508 页。
③ 〔德〕汉娜·阿伦特编《启迪：本雅明文选》，张旭东、王斑译，生活·读书·新知三联书店，2012，第 85 页。
④ 〔德〕汉娜·阿伦特编《启迪：本雅明文选》，张旭东、王斑译，生活·读书·新知三联书店，2012，第 83 页。

生命进程中所获得的最高荣誉的表彰。我很愿意说，好的翻译作品既是为阅读的礼赞而生，也是为跨文化与跨语言的沟通而生，更是译者在完成译作之后为自己留下的一座故居。

名家专访

加快中华文化海外传播，
提升中国学术国际话语权

——王宁教授专访

孙冬惠　金依璇[*]

嘉宾介绍： 王宁，清华大学外语系教授，主要研究领域为比较文学、现当代西方文学及理论、文化研究、翻译研究和影视传媒研究。2000 年获得国务院政府特殊津贴，2010 年当选为拉丁美洲科学院院士，2012 年入选教育部长江学者特聘教授。2013 年，当选为欧洲科学院外籍院士，成为我国首位获此殊荣的人文社会科学学者。主要学术兼职包括中国比较文学学会会长、中国中外文艺理论学会副会长、中国文艺理论学会副会长等。

专题一　中华文化海外传播现状及问题

孙冬惠（以下简称"孙"）： 王宁教授，非常感谢您在百忙之中接受我们的专访，您是第二次参加中华文化海外传播大连论坛，也是我们的老朋友了。众所周知，中国文化"走出去"已成为重要的国家文化战略，习近平总书记也多次强调要积极推动中外文明交流互鉴，讲好中国故事、传播好中国声音，促进中外民众相互了解和理解。作为海内外知名学者，请问您如何看待当前中华文化海外传播的现状呢？

王宁教授（以下简称"王"）： 关于中华文化海外传播，我从 20 世纪

＊　孙冬惠，大连外国语大学新闻与传播学院副教授，研究方向为现代汉语；金依璇，大连外国语大学汉语言文字学硕士研究生，研究方向为现代汉语语法。

80 年代后期就开始研究了，1989 年我在北京大学获得博士学位之后，就到荷兰从事博士后研究工作。其间在莱顿大学为那里的师生做了一些讲座，并且协助他们学校的教授开展汉学方面的研究，从那时开始我就研究中国文化以及中国文化在欧洲的传播。一开始我以为中国文化在海外并不太容易被接受，但是后来通过在荷兰一年的研究，考察了中国现当代文学和古典文学在荷兰的译介和传播后改变了这种看法。在研究过程中我发现中国文化的传播在欧洲各国是不平衡的，比如在英国和法国，汉学都有着根深蒂固的基础。而令我感到吃惊的是，在荷兰，也有很多现当代中国文学作品被译成荷兰语，比如说，20 世纪 80 年代很有名的作家王安忆当时已经有三部作品被翻译成荷兰语出版了，还有王蒙、张贤亮、张洁这些知名作家，他们的代表作都被翻译成多种欧洲语言出版。而另一件事也让我感到很吃惊，我发现，尽管台湾曾经被荷兰进行殖民统治，台湾的文学作品在荷兰翻译得却非常少，这也说明他们更注重中华文化的主流，即中国大陆的文学作品。我发现的另一点则是，中国文学作品在海外的传播与我们国内的宣传口径是不一样的。比如说我们有时很认同的文学现象和作家国外未必认同。所以我得出一个结论，即我们要推进中华文化在海外的传播，一定要以我为主，要掌握主动，不能被动地等待别人来翻译。

孙：王宁教授，您率先将全球化理论引入中国人文社会科学界，并与国际学术同行进行合作和平等对话。您之前出版过《中国文化对欧洲的影响》（1999）、《全球化与文化研究》（2003）等著作，那您认为目前中华文化在"走出去"的过程中存在哪些问题？我们应该如何正确地面对和解决这些问题？

王：中华文化在"走出去"的过程中也碰到几个问题。第一个问题就是中华文化在走向世界的过程中，在非洲以及广大第三世界国家得到的认同度更高，但是他们并不是当今世界的主流，主流还是在欧美。然而恰恰是欧美的主流媒体对中国的报道存在很多问题。比如说我们所认定的中国现代文学经典是"鲁郭茅巴老曹"，然而海外汉学界就有不少学者不认可。在国内被禁的一些书，却在海外很受欢迎。我的一个老朋友，美国著名的翻译家葛浩文，曾应我邀请来北京演讲，下面有同学问他，美国读者最欢迎的是什么样的中国文学作品，他说主要欢迎这样两类，一种是 politics

（政治性的），另一种是 sex（描写性的）。他本人就曾翻译过《上海宝贝》。当时我问他，你为什么要翻译这些作品，你应该翻译莫言、贾平凹这些严肃作家的作品。他说翻译莫言的作品在国外是不挣钱的，他获了奖以后才好一点，而翻译《上海宝贝》则帮助他挣了很多钱，而且是出版商主动买了版权后请他翻译的，他几个月就译完了。他还提到，要翻译莫言等严肃作家的作品要花很多时间，还要和中国的作者取得联系，非常麻烦。

在目前的情形下，第二个问题就是出版。现在出版行业不太景气，互联网很发达，很多纸质的东西只是为了图书馆保存，几乎每天都有一些出版纸质图书的出版公司或经营纸质图书的书店关门，所以这个时候去推进困难很大。而且国外的出版市场和中国的出版市场是不一样的。中国的出版社可以申请国家资助，然后出版一些他们认为不错的图书。但是欧美不是这样的，他们完全看市场是否需要，如有需求出版商就出版，没人买他们就不出。当然现在有了中华学术外译项目，我们可以提供资助，但资助也只是对翻译的资助。所以很多得不到资助的好书就很难在国外被翻译出版。

第三个问题就是中华文化在走向世界的过程中，西方人不是很相信我们中国人的翻译能力，他们不太认可我们的翻译。尽管如此，我们也不能完全被动地等待国外的译者主动翻译，或者任凭他们专门翻译那些非主流的作品，与中国唱反调。所以我提出一个解决办法，就是中外合作翻译，方案由我们提出，所要翻译的作品篇目也由我们提出，我们甚至可以拿出翻译初稿，请国外汉学家帮助修改和润色，最终达到母语出版的水平，这样一来就比较容易通过市场的考验，进而比较顺利地走向世界，我觉得这是很重要的。

孙：从中华文化"走出去"到现在我们提倡要"提升中华文化的影响力"，我想请王宁教授帮我们解读一下这种变化，您认为在当下提升中华文化影响力的关键是什么？

王：我本人是这样理解的，如果从数量上讲的话，中华文化已经"走出去"了。我们今天在欧美的书店也时而能看到一些中国的图书译本，比如与中国的针灸相关的图书，还有一些畅销的故事书等。但问题是，真正代表中华文化精神、代表中华美学精神、中国文学经典的东西，走出去并获得成功的却很少。这是一种不正常的状态，我作为一个人文学者，这几年也做了很多工作，在我的学科领域，比如人文学科、文学研究和文化研究中，尽量与国际学术主流、国际学术权威机构进行合作和对话。比如，我在过去的四年里，连续为欧洲科学院的院刊《欧洲评论》（*European Review*）编辑了三个主题专辑，大多是关于中国问题或与中国当代社会和文化相关的主题，并借此发表了多位中国学者的论文，其中一些学者后来当选为欧洲科学院院士或长江学者。该刊由欧洲科学院主办，剑桥大学出版社出版，绝对是代表了欧洲的主流学界，而且它的读者对象大多是欧洲科学院的3000多名院士，对他们产生了影响就等于对精英学界产生了影响。另外，我本人2020年上半年也应邀前往葡萄牙两个大学的孔子学院为该校师生做了演讲，专门讲中国当代小说与世界文学，我下半年还要到古巴去，也是做这方面的演讲。我问了在哈瓦那大学任孔子学院院长的我的一位学生，我是用汉语演讲还是用英语演讲，因为葡萄牙、古巴都不是英语国家。他说用英文讲，因为这些国家的人英语都还不错，你若用汉语讲，那么就只有那些汉语很好的人才能听懂，而且配备翻译效果不一定好。所以我演讲的时候，听众达到了400多位，这就很不一样了。我也听我的美国同行说起过，他们接待过一位中国教授，讲中国的书法，他们试图动员一些当地的人来做听众，甚至招待他们吃饭，结果最后只来了20多个人，大多数还是当地的中国留学生家属，孔子学院当时还准备了翻译，结果一看听众都是中国人，就没用上翻译，教授自己也感到很沮丧，讲了半个小时就结束了。所以我想一定要与国外的主流学界进行对话，对他们产生影响。还要用他们的语言来讲，使他们能够接受，这样一来取得的效果就会更好。另外，因为国外的主流学术群体都不太懂汉语，懂汉语的汉学家都是很边缘的，所以我们要与他们的主流学术群体对话，才会起到更好的效果，才真正扩大了影响力。鼓励学者不仅要在国际刊物上发表论文，还要到最顶尖的刊物上发表，在最顶尖的出版社出版，这样起到的效果就会更好。

专题二　提升中国学术国际话语权

孙：我们讨论的第二个专题，就是学术话语权的问题。王教授，您是国内最早把后现代主义、后殖民主义等西方理论思潮引入中国的学者，对中国学术界在理论话语上与国际接轨和对话起到了巨大的推动作用。您的学术成果真正让西方学界听到了中国的声音，我们也看到很多中国学者近年来在为坚持构建中国的学术话语体系而努力。您认为应当如何建立并提升中国学术在国际上的话语权？

王：建立并争得国际学术界的话语权，是一个很艰难的过程，但是也不是不可能实现的。我在这方面也做了很多工作，我始终认为，人文社会科学研究一般来说有三个阶段，第一，跟着别人说，也就是刚才讲的，我把西方的东西引进中国，在介绍的过程中，我发现他们说的有点不太对，于是我就和他们一起讨论，甚至跟他们对着说。西方人就是这样的，即使批评他，但只要你说得有道理，击中他的要害，他就会认同你，还会邀请你去演讲。比如说我在美国的主流刊物《新文学史》（*New Literary History*）上发表过一篇文章，严厉地批评了后殖民理论，结果斯皮瓦克教授（世界知名的后殖民理论家和文化批评家）看到以后，专门两次把我请到哥伦比亚大学去演讲，直接跟她讨论和对话。因为她觉得，你能够在这个顶尖刊物上发表文章，就很了不起。第二，你跟她讨论的时候，句句都是引用她的原文，而且提出的一些东西她没法反驳，她就很服气，这样一来，你实际上就与她形成了平等的对话。第三，你设计一个方案，让他们跟着你说。就像我刚才提到的，我在《欧洲评论》上主编并发表了三个主题专辑，都是我亲自设计的。第一个专题是《重新发现中国：跨学科的视角》，我写完这个计划直接给主编看，他同意后我去邀请我认定的一些作者。他们来自不同的学科和不同的国别，我邀请他们就这个专题来写文章。当然也有学者说，他的理念跟我的主题相反，也有的说我对中国不了解，我就不写，那也可以。那些愿意写的学者把稿子交给我，我审完稿以后，觉得你这里或那里不行，再做些修改。这样，他们的文章完全按照我设计的意愿来，这样就取得了比较好的效果。我最近又为美国的文学史研究顶尖刊物《现代语言季刊》（*Modern Language Quarterly*）编辑了一个主题专辑"西方理论与中国的邂逅"（Chinese encounters with western theories），发表了中国三位顶尖理论家的文章，其中两位不能用英文撰写，我便组织人员把他们的论文翻译成英文。之后我们再邀请欧美的三位理论家，都是院士级的人物，和我们中国的三位理论家进行讨论和对话。当然你不可能让西方人完全赞同你，他只能部分地同意你的观点，也会给你指出问题，我们也可以向他提出反批评，这样就真的形成了一种平等的交流和对话。我觉得这样才能真正提高我们的影响力，因为我邀请的都是批评大家、理论家、院士，只要能影响到他们，就可以对他们的学生进行影响。我的理解是，一定要影响那些掌握话语权的人，这样才能产生辐射性的影响。

孙：请问王宁教授，目前中国人文社会科学学者在国际学术话语体系中的总体状况如何？

王：总体状况是，中国人文社会科学学者的话语权在不断提升，但是与中国自然科学家所掌握的话语权相比还是差很多。前不久荷兰莱顿大学发表了一个世界大学排行榜，完全按照学者在国际刊物上发表论文并收入SCI数据库的数量来排名，中国有两所大学超过了很多欧美的大学，浙江大学和上海交通大学，一个第二名，一个第四名。中国的自然科学家可以用外语写作，可以对外平等地讨论科学问题，并且发表了大量的论文，但是在《科学》和《自然》这类顶级刊物上发表论文者的数量却大大少于西方学者。我们再来比较一下中国的人文社会科学学者就会发现，他们在国际上发表论文的数量差得很远。但是这种差距并非像过去那样很大，现在的差距正在逐步缩小。比如说，我们中国最顶尖的人文社会科学高校——北京大学、北京师范大学，每年发表的 SSCI 论文为 700~800 篇，甚至与香港的一些大学不相上下，当然和香港大学还有点差距。美国最顶尖的大学，比如哈佛、牛津、剑桥这些学校的人文社会科学学者每年发表 SSCI 论文的数量也不过 1000 篇左右。所以这个距离在逐渐缩小。而且我们中国人是用他们的语言写作和发表论文的，而不是用我们自己的语言，假如有朝一日中文也成为一种通行的国际语言，那我们就完全可以达到更高的层次，所以我想，中国人文社会科学的国际化，还有一段路要走。

孙：那您认为中国人文社会科学学者在未来的努力方向应该是什么？

王： 我觉得就是要提出中国的一些思想和观点，这些思想和观点并不仅仅是完全具有中国特色的，应该是既具有中国特色，又能够被世界所接受的，使他们感觉到这个既是他们能够读懂的，又是和他们有差别的，此外也是有道理的。因为你完全去做他们不懂的东西，他们根本不感兴趣。但是你完全做他们很懂的东西，他们会觉得你做得没有他们好，他们也不接受。你需要使他们感觉到你有新的东西，这样对他们既是一种挑战，也是一种帮助，这是最容易被接受的。在内容和形式上，我主张三管齐下，第一，组织外语比较好的优秀学者直接用世界通行的语言——英语写作，在国际主流刊物上发表论文，在主要的出版社出版专著。第二，假如我们的学者外语水平不好怎么办？我们可以组织一支精干的翻译队伍，比如说像中华学术外译项目一样，把中国人用中文写出的最好的著作，组织人翻译成英文，在国际主流出版社出版，从而真正进入流通的渠道。第三，努力使中文逐步成为一种国际性的通用学术语言，当然这可能需要一个漫长的过程。所以我想通过这三个步骤，全方位地实现中国人文社会科学的国际化。

孙： 2019 年您当选为新一届中国比较文学学会会长，那我想请问王宁教授，在您的带领下，今后学会在中华文化海外传播方面会有哪些大的动作？

王： 2019 年我们在深圳和澳门两地同时举行了两个高规格的比较文学大会。第 22 届国际比较文学学会年会的主会场是在澳门，7 月 29 日到 8 月 2 日举行，有 2000 多名国内外学者参会，我们讨论的问题有一部分是跟中国有关的，比如说世界文学与中国等。过去国际比较文学大会开会用的是两种语言——英语和法语。但是 1991 年在日本举行年会时，日本学者开了一个先例，使用了英语、法语和日语三种工作语言，所以我想我们在澳门举行国际比较文学大会时也可以将汉语作为一种工作语言。这样一来，国内的学者，国外的汉学家也可以来参加。在年会举办之前，我们准备在深圳举行一个中国比较文学国际高峰论坛。前一个会是大家自己报名、交会务费。第二个会，也就是深圳会议，邀请了 50 位左右的国际著名学者来参会，其中 30 位是国际比较文学学会执行委员会的委员和各专业委员会主任，还有 20 位是我们点名邀请的欧美科学院的院士，比如说美国艺术科学院院士、欧洲科学院院士、英国人文社会科学院院士、瑞典皇家人文学院院士、法兰西学院院士，以及一些主流的文学刊物主编，比如说《新文学史》《批评探索》《现代语言季刊》《比较文学研究》这样的刊物的主编。邀请他们前来参会的目的，其一是请他们来参加我们的讨论，其二则是希望他们看看中国学者有什么好的文章，可以拿到他们的刊物上去发表，我想这也会全面推进中国的比较文学走向世界。而且我需要特别强调的是，在这两个会议上，特别是在澳门举行的国际比较文学大会上，我们安排的大多数主题发言人或大会发言人，都是中国人或华裔。比如说美国的汉学家苏源熙，他虽然不是中国人，但他是研究中国文学的专家，是美国艺术与科学院的院士。我们邀请了中国当代作家王安忆用汉语发言。此外，我们还邀请到一个英国作家毛翔青，他是一个英籍华人，从小在香港长大，他的作品很多是回忆中华文化的。我们还安排了几位大会发言人，既有中国内地的学者，也有澳门的学者，所以我想我们在中国举行国际比较文学学会年会，一定要突出中国，要让世界听到中国的声音。在欧美国家举行的年会上从来没有中国学者在会上做大会主题发言，而我们在中国开会若不邀请中国学者发言的话，那中国就更没有声音了。上一届年会在奥地利维也纳举行，主题发言人都是欧美的，再上一届是在韩国，也没有中国的主题发言人。再往上一届在香港，只有一位中国内地的学者在会上发言，所以国际比较文学大会基本上是在西方开得比较多，在东方则比较少。

专题三　中华文化海外传播人才培养

孙：我们进入最后一个专题，就是关于中华文化海外传播人才的培养。第一个问题就是您在1999年就出版了《中国文化对欧洲的影响》一书，我们都特别钦佩您在学术上的前瞻性。在您看来，对于中华文化海外传播，我们当前的人才培养现状如何？

王：我觉得目前的状况要比过去好一些，但仍不是很理想，因为我们现在仍然存在两个问题，比如说我们文史哲专业的大学生，有些外语能力不太强，有些学校甚至提出要把外语取消，我觉得那就更不行了。而且，外语专业的学生中掌握中国文化知识的也比较少，所以一些语言表达能力比较强的、口语比较好的、具有一定外语写作能力的学生写出的东西却没有什么思想。现在有些外语院校加大了通识课、人文学术课的教学力度，努力使我们的中国学生一毕业就可以用外语来表达中国的东西、讲好中国的故事。所以这样的话，外语专业毕业生的就业前景会更好。

孙：王宁教授，您对我们外语专业包括一些高翻专业的学生，在大学期间的学习有什么好的建议？

王：我建议除了学习一些外语技能和翻译技巧以外，还要学好中国的文史哲，对中国文化有一个全方位的了解，这样一来，在对外学术交流、对外文化交流方面就能很自觉地用外国语言把中国的文化精神传递出去，而不需要临时再去查资料。这也是我根据自身经历得到的一个启发。因为这么多年来，我到国外几十所大学去访问讲学或从事学术研究，经常有外国人给我出命题作文，叫我讲中国的东西，我觉得挺好，我正好可以借此机会宣传我们的国家。因为在外国人的心目中，他们最想从中国人口中了解的是中国人的东西，你跟他们讲外国的，他觉得第一你讲不过他们，第二即使你对他们有所启发，也就是一些只言片语，并不能改变他们的思想观点。所以我觉得要宣传中国的东西，得使听众对中国文化产生兴趣。比如说我和美国著名的解构主义理论家希利斯·米勒有很长时间的交往。有一天他竟然说，我要是再年轻20岁，一定要学习中国语言。另一位比他年轻的印度籍美国学者斯皮瓦克，过了50岁以后才开始学习汉语，而且汉语学得相当不错，可以阅读并进行简单的口头交流。我们的对外学术交流，应该通过人文交流，让一些主流的海外学者对中国文化产生兴趣，而不仅仅是打动汉学家。

孙：王宁教授，请教您最后一个问题。众所周知，孔子学院是中华文化海外传播的一个很好的平台，但是现在一些孔子学院志愿者和汉语教师好像陷入了一个瓶颈期，我们机械地把一些传统的文化知识传授给外国人，但是接受度不够高，我们如何才能进一步扩大中华文化影响力，让他们理解中华文化的精髓和内涵呢？

王：我始终认为，在国际交流中，我们不能太直白地以言语的形式告诉外国人，我们要达到什么目的。我们可以选择一个双方都能够接受的话题去讨论，然后在讨论的过程中，把中国的元素加进去。比如说讨论全球化问题，我就讨论全球化对中国的影响、全球化在中国的实践。外国人能听懂这个理论，他们也知道全球化对美国、英国以及亚洲的影响，对中国的影响他们就很感兴趣。这样一来，讨论的话题仍然是全球化，我却加进了很多中国的元素。再比如，讨论世界文学，这个概念是歌德提出来的，但是既然世界文学这个概念是歌德在读了中国文学作品之后提出来的，那么中国文学在世界文学版图上是什么样的情况呢？显然其所占的比重并不高。所以我们要和西方人讨论他们懂的话题，要让他们首先对你的话题感兴趣，然后再讲述中国故事，那就能达到预期的效果。当然我提出的主题"重新发现中国"是一个例外，我事先征得了该刊主编的同意，他也觉得中国经济发展迅速，我们应该了解中国，这么多年来，我们杂志都没有出版过一个关于中国问题的研究专辑，现在是时候了，应该更多地了解中国。所以整个专辑就以"重新发现中国"为题，而且参与人员的分布也不一样。我不是都请中国人撰文，请了 1/3 的中国人，加上 2/3 的外国人，2/3 的外国人中又有一大半是不懂汉语的外国人。我要他们写他们心目中的中国是什么样的形象，这样就形成了一种对话的态势。总之，我们要勇于向世界讲述中国的故事，同时又要善于讲好中国的故事。

　　孙：再次感谢王宁教授在百忙之中接受我们的采访。

在两种难以兼容的文化中穿行

——专访旅俄作家、俄罗斯文学翻译家孙越

吴潇阳　李小男[*]

供图：孙越

嘉宾介绍：孙越，旅俄作家、俄罗斯文学翻译家、俄罗斯问题观察者。中国首届戈宝权外国文学翻译大奖得主，中国翻译协会专家会员，俄罗斯圣尼古拉金质勋章获得者，俄罗斯世界人民精神统一国际科学院院士，俄罗斯国际笔会会员。长期旅居俄罗斯，著有《闲说外国人》《俄罗斯冰美人》《斯拉夫之美》等纪实文学作品。翻译作品有《普希金夫人传》《勃留索夫诗选》，长篇小说《骑兵军》《切尔诺贝利的祭祷》，回忆录《人·战争·梦想》，诗集《缪斯：莫斯科—北京》《心灵河湾》，散文

---

*　吴潇阳，大连外国语大学新闻与传播学院讲师，研究方向为国际传播、跨文化传播；李小男，大连外国语大学新闻与传播学院硕士研究生，研究方向为中华文化海外传播。

《牧首寄语》等。

吴潇阳（以下简称"吴"）：孙老师，您好！感谢您拨冗为本次大会做了题为"中俄文学交流的现状与未来展望"的演讲，我们这次访谈的内容也主要围绕您的苏俄文学翻译和创作经历展开。能说说您是如何接触苏俄文学，并且走上苏俄文学翻译这条道路的吗？

孙越（以下简称"孙"）：走上苏俄文学翻译这条路，我觉得还是跟个人的爱好有关系。因为我从小就比较喜欢文字，很难说到底受了谁的影响或受到教育中哪个环节的影响，我认为还是天生的因素比较多一些。由于自小就对文字比较感兴趣，所以会不自觉地对所有与文字传播相关的东西产生一种亲和感。比如说报纸、杂志、图书，这些是当时的人从小就会接触到的文字传播形式。我们生活的那个年代不像现在，现代传媒由于技术的发展，会有很多的表现形式，如电脑、手机，还有其他一些多媒体设备。但是在我们那个年代，这些都没有。在 20 世纪 60 年代我们还在上小学的时候，唯一有的也是最普及的娱乐设施就是电影，特别是露天电影，但当时能够选择的电影很少，所以有些电影就可能看好几十遍。

那个时候信息资源有限，技术不发达，但是我天生对文字和影像敏感，所以就会产生一种我要对仅有的资源进行研究、分解的想法。因为当时实在是没有资源，所以可能一本书会看十几遍，这就导致我读东西读得很精。但现在，可能因为选择太多了，就不一定会看那么细了。但也正是由于那种反复的、百读不厌的"被迫"阅读，使得我对语言文字具有特别强烈的敏感度，会对当时阅读书目中的情节、文字表达，甚至是一些语句、语法、修辞等留下特别清晰的记忆。可以说，从小就锻炼出了一种对文字具有强烈敏感性的能力。

因为我是军校出身，所以我选择专业跟别人不一样。在 20 世纪 70 年代，能读到本科就已经很不错了。那个时候我还是想学英语，因为英语是具有国际性的一种语言，但军校的要求是服从专业分配，俄语没人学，我们"被迫"学习俄语专业。由于俄语和英语分属于不同的语族，体系完全不同，之前的英语功底可能就此作废，高中毕业后"零起点"学习俄语。那时我对于这个结果是不满意的，学了俄语，就意味着从头开始学，当时认为肯定是读不了文学了，但刚好这时我们学校从校外引进了一位教俄罗斯文学的石枕川老师。石枕川老师的俄语好，中文也好，还是一位在俄罗斯文学翻译界很有成就的翻译家，这让我觉得自己赶上了一个特别好的历史时期。我觉得他给我的教育基本上令我受益终身。不是说他对我在哪本书、哪份译稿或者哪次教学的课上有多么深的指导，而是说他的治学精神对我影响很大。这种治学精神把我从一个只是爱好文学、对文学有着朴素感情的人，引领提升到一条专业道路上来。在专业道路上，了解必须要做哪些方面的工作，朝哪些方面努力才能把事情做好，我觉得是特别重要的事。如果没有石老师的这种指引，我觉得我还会在茫茫黑夜中摸索很久。

吴：确实，老师在我们的学习过程中非常重要。

孙：对。尽管石枕川老师已经去世很多年了，但是每当回想起当年他对我们的教诲，还是会发现很多独特的地方。比如说，他并不认为读万卷书在所有情况下都是一件好事。他的理解是，如果你对文字和文学没有一定的把握和辨识能力的话，有时候书读多了，可能还是一种负担，甚至是一种误导。但是那些与你自己专业相关和你感兴趣的书还是一定要读的，还有那些可能引导你追寻未来方向的书，也是要读的。他有很多极为精辟的教学经验传授给我们，我觉得这些经验都很宝贵，这也是我后来走上所谓文学翻译之路的一个契机和前提。

吴：您刚刚讲述了很多您在大学时期的一些事情，想请问您觉得在自己的青年时期，有哪些作家和作品对您之后的写作和翻译生涯产生了比较大的影响？

孙：我当时还比较幼稚，认为自己这辈子就应该去搞诗歌翻译。因为我觉得诗歌比较适合我，而长篇小说或者其他历史题材的作品太厚重，我不一定能承受。在诗歌作品中，以现在我们所说的"白银时代"的诗歌为主，比如当时我就读了勃洛克、勃留索夫等诗人的作品。这个时候老师也鼓励我们说，如果你认为自己今后要朝诗歌方面发展，那这些诗歌都是必读的。

后来在 80 年代，我翻译并出版了勃留索夫的一本诗集，但到后来几年我倒没有翻译他的诗集，只是零零散散地翻译了一些他的作品。1987 年的时候，我之前翻译过作品的布罗茨基获得了当年的诺贝尔文学奖。我忽然发现其实翻译诗歌是不可以的，理由有两个。第一，我觉得我的水平不够，如果没有特别深厚的唐诗、千家诗和宋词的底子，实际上是不能随便翻译诗歌的。第二，我觉得俄语的韵律诗，特别是格律诗很难翻译成对仗的中文。如果过于对仗，它就会在中文的语体、结构上显得很呆板，但如果过于自由，又会显得很零散，失去了俄语格律诗的意境和韵律。所以这些年我就没怎么翻译诗歌，只出过两本诗集，后来又出了一本当代诗的诗集，我觉得还是挺难的。

但我还在坚持尝试翻译散文诗和与抒情体文学有联系的作品，我对屠格涅夫还有 19 世纪末 20 世纪初的一些作家比较感兴趣。现当代的作品也有，但是我觉得现当代的俄罗斯文学作品背离传统比较远，把握相对困难一些，还不如去看 19 世纪甚至苏联时代的作品。苏联时代有很多好的东西，这是被我们所忽视的。所以我还是想把握住自己的方向，就是在抒情文学方面，把它作为自己的一个发展重点。而且在我自身写作上，我也比较愿意走抒情文学这个方向，朝这方面贴近。

吴：您刚才说到，现当代的俄罗斯文学背离传统比较远，能具体说一说这个表现吗？

孙：我大概一年前翻译了一本书，是根据出版社的合同来翻译的，目前还没有出版。这本书很奇怪，书名也很奇怪，这是作者自己想象的一座山，而这座山又是有隐喻的。我们正常理解中的俄罗斯文学是很厚重的，很有传统性，因为它离不开俄罗斯这个文学土壤，包括所讲述的故事也是跟现实主义、批判现实主义直接联系的。但在这部作品中，作者抛开了传统，讲了一个非常现实但又非常荒诞的故事。

作者认为，再过若干年之后，世界上任何图书都没有意义。那么文学名著的意义，或者说衡量一本文学名著是不是值钱、是不是能为大家所认可，就看在焚烧它的时候是为了干什么用。如果是来给餐厅的客人烤牛排，比如说用普希金和莱蒙托夫的诗集，那就是很值钱的了。书就是柴火，一本书或者说名家的书不用来做柴火，这本书就没有任何意义。所以世界上就产生了一种新的职业，有人到处去各地的图书馆、藏书室或是古籍收藏家的柜子里偷古典文学名著，因为越老的版本越值钱。

但问题是，世界上哪有这么多老的版本？烧完也就没有了。所以由此诞生出一个更新的职业，就是做老版本世界文学名著的赝品，比如印刷厂做旧、造假等。这就变成了一个很荒诞的故事，那些真正的文学作品，过去作家的思想、意境，他们的艺术作品、文学作品在若干年之后就只能当柴火烧，而且当柴火烧都要分等级，不同等级的价值也不同。这本书主要就是讲了这么一个故事。我想中国的作家可能很难想到这样的故事，但是俄国作家已经把它非常有张力地放大了。实际上，那些我们在传统意义上还在赞美的文学艺术价值、我们崇尚的价值观念，在现在的俄国作家眼里已经分崩离析了，未来就更不用说了。这个很有意思。

吴：也就是说，其实这部作品对传统进行了解构。不管是哪一个国家的文学，自当代以来，可能都会或多或少地受到后现代解构主义思潮的影响，您刚才提到的这部作品也有这样一种感觉。

孙：是的。

吴：您之前提到在 20 世纪 80 年代的时候，您曾经翻译了很多诗集，而在 1992 年的时候，您翻译了伊萨克·巴别尔的小说《骑兵军》，这也是这部作品在国内的第一个汉语译本。请问您在当时为什么会选择巴别尔的这部作品来进行翻译呢？

孙：这跟我的老师在文学课上给的提示有关。当年在国内找不到这部作品的译本，甚至这本书的原文都找不到。为什么找不到？我认为，并不是因为巴别尔的书从 1940 年之后就被苏联当作禁书，禁了 17 年，直到 1957 年之后才开放。找不到的原因是，七八十年代以前，高校的文学史教材都是以六七十年代的苏联文学史为基础。在那个时候的文学史课上很少提到巴别尔。一直到 1986 年，意大利的《欧洲人》杂志评选世界 100 位小说家，他被评为第一名，大家才突然认识他。

但即使是这样，我拿着这本《欧洲人》杂志去跟很多出版社谈翻译这本书时，大多数编辑都是不认可的。他们认为，只要是文学史上没有提到的作家，那就是不入流的作家，不入流作家的作品你为什么要翻译呢？翻译了以后的作品有什么艺术性和学术价值呢？但是石枕川老师不这么看，他认为这部作品有个特点：从结构上来看，这是一部短篇体的长篇小说。大家一定会觉得很矛盾，怎么既是短篇体又是长篇小说呢？因为《骑兵军》是由 30 多篇短篇小说构成的，反映的是在一个大的历史时期，某一个局部战场、某一个红军单位的多个故事。因此，这部作品被认为是在一个大的背景下，由若干个小故事组成的一部长篇小说。但是这个长篇中没有一个完整的人物，没有完整的故事和完整的情节，而是由若干小情节以及若干人物共同组成的群像故事。

在这种状态下，石枕川老师鼓励我去尝试翻译这部作品。但当时面临的现实问题是，第一，我找不到原文作品。80年代的时候，在苏联买书比较贵，别人也不太愿意替你买，而且我们也没有机会出国。第二，我读不懂作品的意思。之后我好不容易找到了几张复印件，还不是完整的作品。虽然每篇故事都很短，最短的只有1000多字，但看完之后，虽然俄语我都认识，但意思我全都不懂，这就是我当时读这部小说的感觉。

所以每一篇故事我都要去请教教授，北大、人大、北师大的教授我都请教过。80%的作品意思，教授们都能讲出来，但是依然有20%的内容教授们也讲不出来。当时我不知道该怎么办，于是又去请教苏联人。80年代的时候，北京已经有苏联来的外教了，可是我请教外教，他们也讲不出来。苏联外教说大概就是这样，我们的理解就是这样。但是这样理解也不完整，还是需要你不断积累的阅读经验以及随着时间推移而形成的文化积淀。一方面我没有出国经历和请教更多学者的机会，另一方面也不一定会有人愿意出版，所以我在80年代后期翻译这本书的时候感觉很痛苦。

在翻译过程中，我自己也看得似是而非。因为在这部作品中，巴别尔以俄语为主要写作语言，同时又加进了大量的乌克兰语，还有敖德萨的地方俚语、俗语以及犹太人的口语，翻译难度极大，所以用了两三年的时间。关键是，如果没有出国经历就来翻译这本书的话，在翻译的过程中就会失去原著那种语感带来的幽默感和俏皮感。同时，还要善于从中文里寻找相对应的方言，完整传神地将原著中的句子和情节表达出来，我觉得那就是要达到另外一个境界和更高的层次了。当时就是在这样的情况下，我翻译了第一版。之后在1992年，花城出版社出版了第一版《骑兵军》。当然，我还是觉得很遗憾，因为我还有些自己都搞不懂的问题。再说，我也没有去过巴别尔生活的现场。所以后来到90年代初能够出国的时候，我就争取了第一批出国，当时苏联还没有解体。出国后，我把巴别尔曾经去过的地方都走了一圈，像莫斯科、圣彼得堡，还有敖德萨、基辅和尼古拉耶夫等七八个城市，大概知道了他生活的轨迹。因为敖德萨是巴别尔的出生地,所以我去了三次,每次都坐在街头的小酒馆,去听那些犹太人讲话,再去听当地的"土著"讲话,确实他们讲话跟乌克兰人不一样,跟俄罗斯人也不一样。虽然他们说的是俄语,但我却听不懂,这让人很着急。但是我知道,这就是他原来使用过的语言。所以如果没有这种身临其境的感受,就很难在翻译过程中把这种东西表达出来。

吴:所以我看您后来在 2016 年的时候又再版了这部作品。

孙:对。我回来之后,2016 年专门把这本书又重新翻译了一遍,把不对的地方校订了一遍,包括一些表达方式。另外在第一版的时候,有三篇遗漏,我在国外找到以后将它们补了进去。我还采访了一些与巴别尔以及跟作品出版有关的当事人,把他的故事和创作按照历史的脉络梳理了一遍,整理了一些客观的评价。实际上我们对巴别尔的评价,一直到 2004 年,当人民文学出版社出版那套巴别尔的书——包括他的《骑兵军》《敖德萨故事》,还有《巴别尔马背日记》——的时候,我觉得还是停留在五六十年代,比如他是一个天才的作家,最后死于斯大林时期的大清洗。这些都没问题,但是我觉得最重要的有两点。第一,没有任何一个人从巴别尔的生活、巴别尔的价值观,以及巴别尔对马、人和女人的态度来剖析他心灵深处对生活的感触。如果没有这些的话,我觉得对于作品的分析和理解就是不彻底、不透彻的。第二,我觉得在巴别尔之死这个问题上,巴别尔自己是有责任的。这个谁都没有说过。为什么这么说?因为巴别尔从 20年代就加入了"契卡"(克格勃的前身),他一直就是秘密警察,所以他肩负着秘密警察的使命,包括劝说高尔基回国,去跟法国的知识分子沟通等。在他回来之后,为了寻求个人的政治安全去巴结克格勃高层,这些都没人讲过。我觉得,正是由于他在国家机构里待得太久,人际关系太深,涉及的情况太多,所以他肯定非常不安全。在大革命的洪流中,每个人都不由自主地寻求最佳的生活方式和安全模式,所以他也是一样的,这也是最后他把自己推向死亡的原因之一。我后来做研究,也对这方面做了一点解读。

吴:能听出您对所翻译的作家及其作品的态度非常严谨,我同样认可要对一个人进行研究,就得去他待过的地方,感受他的生活。

孙:因为要把一个作家研究透,其实是挺不容易的。现在会有出版社来跟我约稿，说您既然都做了这么多研究，那写一本巴别尔的传记怎么样。我说这方面就更难了，写传记需要更多关于巴别尔的翔实资料和信息，这其中需要大量的细节信息和论据事实或者档案来作为支撑。可问题是，巴别尔所有的档案，在他去世前后都已经被销毁了，所以很难再找到。包括他夫人写过一本回忆录，我觉得这本回忆录只是从情感上讲了一些她的遗憾、悲伤或是过去生活的美好记忆，但是没有对巴别尔形成一个很理性的分析。所以我觉得这还是比较难的。

　　吴：自从在 1992 年翻译完《骑兵军》之后，您做的很多的翻译工作，或者说是创作，好像越来越偏向非虚构类或者纪实性的文学。在 2018 年的时候，您还翻译了诺贝尔文学奖得主阿列克谢耶维奇的一本书，叫《切尔诺贝利的祭祷》。这本书据说是国内第一个直接从俄文翻译过来的译本，另外的译本好像都是从其他语言翻译过来的。关于这本书，我看到在网上有相当多的读者，并且他们对这本书的评价也是非常高的。您为什么选择了这样一本书进行重新翻译呢？

　　孙：有这样几个原因。第一个原因，我和阿列克谢耶维奇在 80 年代末就认识，因为她当时到北京来的时候，曾经有一个俄罗斯文学作者和译者的见面会，我们都参加了见面会。当时苏联从不同的加盟共和国选出优秀作家组成一个代表团来到北京，她是苏联作家代表团中最年轻的一位，而且她的作品也很好，其中一部有名的中篇小说叫《战争中没有女性》。当时昆仑出版社翻译了这本书，而那时的苏联文学界对于纪实文学是不是文学还存在争议，这部中篇小说也卷入其中。

　　很多传统的苏联作家和苏联文学的研究者认为非虚构类还是应该被划为新闻报道，不能算作文学。即使作家用文学化的笔触、文学的方式和方法去写，依然只能算个记者。阿列克谢耶维奇在过去比较注重非虚构，也许是因为她的老师曾经写过二战期间白俄罗斯的小村庄被希特勒大屠杀的事情，那部纪实文学作品当时在苏联引起了轰动，所以她据理力争说她是有师承的，文学形式不是凭空想象出来的，能查到源头就说明不是杜撰，她的文学作品在苏联文学中是可以入流的。

　　随着苏联的解体，纪实文学这种题材在苏联不断地被放大，我认为实际上是对国家新闻不透明的一种补充，也是对粉饰文学的一种批判。所以在俄罗斯，非虚构写作就不断地被放大，占到了相当大的比例，而且读者包括改编成影视作品之后观众的数量也远远大于传统文学。之后，非虚构写作就逐渐被承认了。

第二个原因，我觉得是，阿列克谢耶维奇来了中国好几次都很难找到她比较满意的译者。我觉得这是一个很大的问题，这跟俄语教学有关系，跟我们的高等院校和俄语学生的培养，特别是翻译专业方面的培训有关系。她来中国，听了很多出版社的介绍，说哪些文学作品被翻译成俄语了，但是经过汉学家讲解之后，她觉得很失望。因为与原著相比，译本在情节和语言的理解上都有很多的偏差。

阿列克谢耶维奇 2016 年来北大和中国社科院做演讲的时候，她觉得有两重失望，这是后来在我去白俄罗斯找她交流的时候透露的。第一，她觉得很少有比较好的翻译，能够很传神地把她谈的文学的东西翻译成中文，虽然她不懂中文但她能感觉到。第二，她觉得中国对俄语文学的介绍现在还是有缺失的，不像对英语文学和日语文学那么关注。这个可能跟出版社和受众有关系，也不仅仅是从业人员的问题。当她在现场跟作家们对话，跟观众进行互动的时候，也能感觉到上述两个问题的存在。

所以她和出版社都提出，希望我能亲自翻译这部作品。当时其实我没有想到要翻译这本书，当我、阿列克谢耶维奇以及出版社三方在一起聊时，她专门提了这么一个请求，我最后同意了，现在回想是有价值的。而在此之前，台湾已经出版了这本书的英文译本，而且发行量很大。这些译作是从英文翻译的，我对照着俄文看了英文的译本之后，觉得有两个重大的问题：第一，有大量段落的缺失；第二，有大量的漏译和误译。这两点都是很大的问题。所以在我与出版社沟通后，出版社就更加坚定了要从俄文原版重新翻译的决心。当时，大家还在讨论的另外一个问题就是，读者已经读过其他版本的译作，这些译作在国内的京东、淘宝上销量也很不错，现在重新翻译还会不会再有需求。后来翻译完出版以后直至现在，出版社对我反馈说卖得相当不错，没想到大家对这本书的需求超过了阿列克谢耶维奇的其他几本书。阿列克谢耶维奇到现在为止一共写了六本书，还有一本没有翻译过来。这个发行量和需求量，是出版社没想到的。

后来我去了明斯克两次，在和阿列克谢耶维奇一起谈文学的时候，发现我们有很多的共同语言。特别让我感动的是，她为了看清楚自己所处的社会发展脉络，专门到德国住了 13 年，参加了欧洲的很多文学活动。她说，通过在欧洲的生活，能够看清自己。因为在自己的国家，有时候反而看不清自己。另外我们还谈到，文学在多大程度上能够通过文字改变人类。我觉得都还是半个悲观主义、半个乐观主义，觉得文字还是有可能改变人类的，但是很难。

吴：您刚才也谈到了，学习好语言只是做翻译的最基本的前提条件，而我们想成为一个比较好的翻译家，肯定是需要其他更多方面的能力和积累。我们大连外国语大学的同学们基本都是学外语的，大连外国语大学的俄语专业是国内比较有特色的专业，所以想请问您认为这个差距在哪里？就是说我们从一个语言学习者到一个比较好的翻译家，中间差了一些什么东西，需要哪些方面的能力提升与知识积累，您能跟我们说一说吗？

孙：我个人感觉，从这个时代来说，今天的同学们入校学习俄罗斯文学或者俄语翻译这个专业，他们赶上了一个特别好的时代，也赶上了一个特别坏的时代。

首先说好的时代，我们当时在学俄语、学翻译的时候，一年都读不上几种原版的俄语报纸和俄语杂志，俄语原版书就更不用说了。大家只能是支离破碎、零零散散地从翻译教程上读到一些字句或者段落。后来我们有了文学老师，文学老师会给我们开小灶，额外给我们讲一些、看一些当时对我们这些学生并不开放的俄文出版物。今天的同学，我就觉得是非常幸福的。他们不仅能看所有的出版物，而且能看卫星电视、利用网络，还可以跟俄罗斯人互动，包括外教、留学生，我们当时没有这么多的学习机会。之前我们的信息是很封闭的，因此会积极寻求突破，也会很珍惜这种突破的来之不易。

但是我觉得大家也是很不幸的。由于现在身处传播时代，媒体泛滥、新闻泛滥、语言文字泛滥，大家很容易陷入语言垃圾的海洋中难以自拔。每天打开微信有很多信息要回，每天网络上有很多信息要看，完成这些之后，就再也没有时间精读你手边的一本好书，也会自然而然地抛弃或者摒弃那种对语言基本感觉的把握和追踪。我们当时会和老师探讨一本小说里面非常抒情的片段，看看这个作品跟中国哪些现当代散文或者古代散文，在结构、语言以及对一个客体的描写上有相近之处或者相似的感情投入。我觉得现在已经没有人会像我们当时那样进行细致的解读了。我们还会分析一篇散文，比如说描写大自然的历史散文，会发现文章里边提到的植物和大自然的气味、蝴蝶的颜色、草的茂盛的感觉，跟我们的宋词很像。于是我们就可以写一篇论文，论述宋词和俄国象征主义文学之间有没有内在的精神联系或者修辞和语言的联系。结论是真的是存在联系的。这些就是人类共通却不在一个文化环境下产生的一种语言现象，所以我们自然而然就产生了写比较翻译或者比较文学论文的冲动。

在这样的时代下，如果你想成为一名译者，如何把握和丰富自己的语言，就显得特别重要。我们现在不可能再达到 20 世纪 20 年代甚至更早的那批翻译过莎士比亚、托尔斯泰的大家们那样的语言修养。不是说我们读书读少了，而是我们再读百倍于他们的书，我觉得我们也达不到。这是因为读书结构有巨大差异，他们是读着诗经、背着唐诗宋词来完成小学和中学学业的。因为时代的原因，我们的知识结构、知识储存以及我们对这个世界、语言、词汇的认知都是极为浅薄的。那我们该怎么办？我就随时在桌子上备一些书比如宋词，由于我从小不会背，所以我现在必须天天读。这些都是为了弥补我们对文学语言的这种缺失与匮乏，为了翻译之用。在翻译的时候，我会通过俄语来学宋词，这可能是很多人难以理解的一种感觉，但是我就是这样做的。这是我的一点小小的心得。

吴： 您这是到了一定境界的翻译家的自我修炼。

孙： 因为我们都有很多欠缺，所以只能靠后天这种很笨拙的方式来弥补。

吴： 您确实是给我们树立了一个非常值得学习的榜样。我们现在来谈另外一个问题。因为特殊年代的原因，像您这一代人，对俄国的文学和文化非常喜欢。应该说从国内的读者来看，本身就有一个比较稳定的苏俄文学的读者群。那么根据您的观察，您觉得俄罗斯公众对于我们国家的文学和文化是否也有类似的、比较浓厚的兴趣呢？

孙： 这个问题很有意思。我其实做了大概 20 年的观察，虽然不是说专门去做这件事，但是我在莫斯科住的时间比较长，断断续续住了十几年甚至二十年，我从 90 年代末就开始逛莫斯科的各大书店，每到一个城市都会逛书店，包括旧书店。我发现了一些很有趣的现象。苏联时代培养了一批很厉害的汉学家，所以汉语的名著，包括经济、科学、文化、哲学、文学等译著在苏联的发行量是很大的。我想，这一是满足了当时中苏两国在政治和文化交流上的需求（我指的是五六十年代），二是满足了七八十年代，中苏两国在意识形态存在纷争的时候，作为理论武器的一种需求。苏联解体以后，苏联时代的汉学和对中国典籍的翻译留了下来，就变成了俄罗斯的遗产。在俄罗斯和中国交往的前十年，也就是从 1990 年到 2000 年，俄罗斯对中国文学的翻译还是比较薄弱的，不是很多。即使有，也是以古典文学、古典哲学、孔孟学说为主，文学的东西比较少。文学除了唐诗宋词，还有历史上著名的比如清朝李渔的作品。现当代作品涉及不多，当然也有当代作家像王蒙的一些作品被翻译成了俄语。中国文学的译介主要是在 2008 年之后才开始不断丰富和发展的。

现在我依旧不能乐观地说，中国文学已经成为俄罗斯人阅读外国文学的重点。客观来说，中国文学还是在一点一点地培养读者，相关的书籍也在一点一点地增加发行量。当然我们看到，学习中文的教科书在这几年，要比前十年多了很多，说明学中文的热情比较高。但是学中文的热情高涨，这背后是不是还有什么商业用途，或者是实用的旅游、餐饮、中医等方面的需求就不知道了。但是我觉得，大家开始学了，就是一件不容易的事。总的来讲，俄罗斯人民对中国文化、中国文学的感兴趣程度确实提升了很多。

吴：近些年我们国家也特别强调中国文化"走出去"，请问您在这方面有没有一些观察或者是想跟我们分享的东西？特别是我们国家对俄罗斯的文化交流这方面。

孙：我觉得现在是做得不错了，中国文化"走出去"的也不少了。比如我的一位朋友在莫斯科和其他一些城市都开了中文书店。所谓中文书店，就是用俄语出版中文的一些作品，包括成语词典、领袖人物的传记、民间文学等。其实"走出去"这个事儿，我觉得中国在 50 年代就做得很不错，比现在还厉害。现在一年之内，俄罗斯能发行 8~10 部中国现当代长篇小说就不少了。而在 20 世纪 50 年代，特别是 1956 年到 1960 年的时候，苏联一年翻译的中国长篇小说的数量能达到 300 部。所以我认为，中国文化"走出去"是一个很漫长的故事，其实早就开始讲了，一直讲到现在，但我们现在还没有回到历史的最高点。当然这也需要不停地有汉学家出现，有译者出现，有好的作品出现，同时还要有受众。关键是只要有人读，就一定会有人翻译。

所以我觉得，俄罗斯的读者对中国文化、中国文学有兴趣，但还没有达到黄金时代那个程度。在过去的十年里，俄罗斯读者阅读最多的外国文学，我觉得还是欧美文学。我们应该承认这一点，而且这在中国也是一样的。中国现在出版社卖得最好的书，我觉得还是欧美的英语译著。

吴：您的这个观点让我受益良多。孙老师，我们的采访就到这里了，再次感谢您能在百忙之中抽出时间接受我们的采访。

中国文学版权在世界

——中国文字著作权协会总干事张洪波访谈录

宁晓晓　乔　娇[*]

供图：张洪波

嘉宾简介：

张洪波，中国文字著作权协会总干事（法定代表人），中国政法大学研究生院合作导师，北京第二外国语学院国际商务专业硕士（MIB）产业导师，国家文化贸易学术研究平台研究员，中国服务贸易研究院研究员，国家知识产权专家库专家，国家海外知识产权纠纷应对指导专家库专家。获得 2009 年"百名有突出贡献的新闻出版专业技术人员"、2011 年"全国知识产权保护最具影响力（十大）人物"等荣誉，2018 年获俄罗斯金笔奖等。曾留学苏联远东大学，从事国际版权贸易、版权实务工作 20 多年。应邀到多家高校、科研单位、版权机构、出版机构授课，在中央级报刊发表文章多篇，完成或参与指导科研课题多项。

---

* 宁晓晓，大连外国语大学新闻与传播学院讲师，研究方向为传播学理论；乔娇，大连外国语大学新闻与传播学院硕士研究生，研究方向为跨文化传播。

一　版权贸易是中外文明交流的重要方式

宁晓晓（以下简称"宁"）：张老师，非常感谢您能在百忙之中接受我们的访谈。由于疫情的原因，今年的"第四届中华文化海外传播大连论坛"在线上举行，我们今天也是在线上对您做一个访谈，很遗憾不能面对面拜访您。您在论坛的主旨发言中谈到，对外出版是实现对外文化传播的重要媒介，它起着润物细无声的传播作用。那么，首先请您介绍一下，中国的文学作品在海外的出版情况。

张洪波（以下简称"张"）：好的。大家都知道莫言曾经获得了2012年诺贝尔文学奖，刘慈欣获得了世界科幻最高奖——"雨果奖"，曹文轩获得了国际安徒生奖。但是可能有些人不知道，在2012年莫言获得诺贝尔文学奖之前，他的一些作品就已经在一些国家翻译出版了。比方说在俄罗斯就已经有诺贝尔文学奖候选人作品系列出版。大家所熟知的林语堂的《吾国与吾民》、钱钟书的《围城》、张天翼的《宝葫芦的秘密》、苏叔阳的《中国读本》、姜戎的《狼图腾》、麦家的《暗算》、刘慈欣的《三体》等，也都被翻译成很多种语言在海外出版。

尽管中国著名作家余华、阎连科、刘震云等没有在国际上获得特别知名的奖项，但是他们的很多作品由于符合海外市场需求，都在海外得到翻译出版。刚才老舍研究会的会长讲到老舍作品在世界的传播，鲁迅和老舍作品现在已经进入公共领域，财产权不受版权保护，他们的很多作品很早以前就已经在海外得到广泛传播。比方说俄罗斯的汉学家跟我们讲过，苏联时期，鲁迅、老舍的几乎所有作品都被翻译成了俄语。

中国现代文学艺术大家鲁迅、郭沫若、茅盾、巴金、老舍、曹禺，还有当代作家王蒙、冯骥才、莫言、曹文轩、麦家、阿来、余华、刘震云、阿成、吉狄马加、毕飞宇、徐则臣、盛可以等的很多作品都已经被翻译成多种语言在海外出版传播，甚至被改编成了影视剧、戏剧。还有一些以文学作品为基础的版权输出，如热播热映的影视剧、网络游戏。近年来版权输出的还有网络文学、戏剧、音乐、电视节目、计算机软件等作品类型和电子书、有声书、数据库、App等新媒体形式。

我们所熟知的四大古典文学名著，已经被翻译成多国语言，也通过文学作品版权的改编，被改编成了影视剧、动漫、戏剧等。四大古典文学名著被翻译成外语之后，入选了我国的"大中华文库"，出版了中外文对照版。包括四大名著在内的一些文学作品，在国内外也推出了有声书、电子书。大家所熟知的一些影视剧，像《湄公河行动》《战狼Ⅱ》《媳妇的美好时代》《花千骨》，以及央视等机构制作的一些电视纪录片都在海外产生了很大的影响。

中国有5000年的灿烂文化，和很多国家有悠久的文化交往历史传统，近年来，中国经济发展比较快，综合国力逐步提升，文化越来越包容，在中国生活、工作更具有吸引力。由于汉语逐渐成为世界通用语，也成为外国人求学、生活、工作的主要语言工具，中文的原版小说、原版影视剧、中文原版教材也越来越受到外国人的关注。

2020年上半年，受新冠肺炎疫情的影响，我们很多白衣战士、文艺工作者创作出的抗疫诗歌等作品，陆续被海外关注。俄罗斯和白俄罗斯汉学家曾主动联系我们，希望我们推荐一些抗疫诗歌由他们翻译发表或出版。俄罗斯塔斯社曾经两次专门报道，我国抗疫诗歌激发了中国的诗歌热。

这些都离不开一个关键词——版权贸易或版权输出。

中国文学版权"走出去"的主要原因有三个：第一是我们国家综合实力提升；第二是得益于我国鼓励文化"走出去"的政策；第三是我们海内外一些专业人士、专业机构在版权贸易、版权输出、文化交流方面做了大量工作，尤其是海外一些热心人士和友好机构长期坚持对中华文化的研究、翻译和传播。

宁： 的确，在中国文学"走出去"的背景下，版权贸易就显得尤为重要了，那么请您进一步谈谈版权贸易具体包括哪些形式。

张： 版权贸易包括版权引进、版权输出与版权合作，既包括中文作品在海外直接发表、中文作品被翻译成相关的外语在外国发表，也包括海外出版、发行、网络传播，包括进入各种汇编作品，进入他们的教材教辅，被改编成电影、电视剧、网络游戏，还包括制作成有声书、电子书，通过网络传播，被改编成戏剧，通过舞台去进行表演；另外也包括版权合作，以及资本、内容、发行渠道等资源的合作，比如合作出版、合作拍片、委托加工制作、委托印刷等，以及影视剧剧本的质押融资；还有就是衍生产品、文创产品授权开发，即由图书、影视、卡通、动漫等衍生授权开发生产儿童商品、旅游商品、生活用品、实用艺术品，如《托马斯和他的朋友们》《鼹鼠的故事》，文博系统文创开发以故宫文创最为典型。还包括产业链延伸，像建筑外形也受版权保护，比如一些特色主题公园、特色小镇、工业文化公园。

十多年来，在世界知识产权组织和国家版权局的推动下，江苏南通、福建德化、苏州吴江丝绸也逐渐成为世界知识产权组织向全球推广的版权保护推动经济发展的示范案例，在版权保护与运营下，中国的纺织品、陶瓷艺术、刺绣等大步走向国际市场。

宁：通过您的介绍，我们了解到版权贸易涉及很多行业、很多领域，是一种无形的财产权贸易。那么，版权贸易的主体包括哪些？

张：在国内外，版权贸易的主体既包括自然人、法人，也包括其他组织。中国越来越多的出版社开始承担版权代理人的角色，我国的一些作家还有外国版权经纪人、文学经纪人，一些版权代理公司，包括我们中国文字著作权协会、中国音乐著作权协会等专业版权机构也做了大量的版权贸易工作，开展国际版权交流与合作。

宁：那么，中国文著协是一个什么性质的团体呢？近年来，中国文著协在对外版权贸易方面做了哪些具体工作？

张：文著协于 2008 年 10 月在北京成立，业务监管部门是国家版权局（中宣部），党建领导机构是中央国家机关工委。文著协是独立的社团法人，在民政部核准登记注册，是非营利机构、非政府组织。对俄语国家和中东欧国家开展图书、戏剧版权贸易是我们的优势和优先发展方向。

我们也在做中文报刊文章和图书片段的海外复制权和数字化复制权授权管理。在国际复制权组织联合会（IFRRO）和国家版权局指导下，文著协已经与英国、韩国、罗马尼亚等国家复制权集体管理组织签约，开展包括文字作品的传统复印、局域网、电子教材、慕课等授权合作，极大拓宽了中华文化"走出去"的领域，有利于提高中国出版社、报刊社的国际传播力、影响力和竞争力。

众所周知，汉语在俄罗斯已经被列为全国统一高考的 5 个重要语种之一。因此，对于中文原版图书向俄罗斯等国的版权输出，近几年我们做得比较多。还有就是戏剧公开表演权，院团出国演出涉及演员的表演者权，外国院团根据我国剧作家的剧本进行排演，涉及剧作家的表演权。我们根据与俄罗斯、白俄罗斯、格鲁吉亚、阿塞拜疆、摩尔多瓦、吉尔吉斯斯坦等国家签订的相互代表协议，陆续引进了俄罗斯的一些戏剧，如《办公室的故事》《青春禁忌游戏》《长子》《我可怜的马拉特》《老式喜剧》等，由中国院团在中国剧院排演。新加坡、中国澳门也计划从我们文著协引进这些戏剧的表演权。上海计划将《青春禁忌游戏》改编成音乐剧，安徽计划将《老式喜剧》改编成黄梅戏。与此同时，在文著协的积极推动下，剧本《青春禁忌游戏》入选《西方现代戏剧精选》在国内出版。

也有些剧本经由文著协在国外出版，2019 年，我们就输出了莫言的话剧——《我们的荆轲》公开表演权。两年前，《我们的荆轲》入选中俄政府间翻译出版项目——"中俄现代与经典文学作品互译出版项目"中的《二十至二十一世纪中国戏剧集》，同时由文著协代理，2019 年 11 月 14 日在圣彼得堡国际文化论坛期间，由俄罗斯著名导演执导排演了话剧，参加国际文化论坛的 400 多位嘉宾观看了话剧节目，产生了良好的国际反响。

另外，这些年来我们也做了大量海外中文教材教辅的版权授权和稿酬转付工作。日本、韩国、新加坡、英国、俄罗斯和我国港台地区出版的中文教材教辅选用中文作家的作品，大多由我们文著协解决作家、翻译家的授权和转付稿酬问题。由于教育部统一了九年制义务教育和高中阶段"部编本"语文教材，目前像英国、我国香港地区的语文教材也在修订，并通过我们解决作家、翻译家的授权和转付稿酬问题。

文著协也推动中国文学作品在海外期刊的发表、出版工作，多年前，我们曾经协助斯洛伐克《世界文学评论》杂志出版了"中国文学专刊"，解决了全部入选的中国作家、诗人的授权问题，并协助外方申请到了我国政府的翻译资助。2016 年，文著协和俄罗斯翻译学院策划组织出版了俄罗斯《图书评论周报·中俄互译出版项目俄文专刊》《国际出版周报·中俄互译出版项目中文专刊》，在中俄两国的国际书展上同时出版发行。文著协也在推动中俄、中国和白俄罗斯儿童文学期刊的互译发表计划。

我们开展的版权贸易工作既包括政府委托项目，也包括日常的版权贸易。从 2014 年开始，我们承担了中俄政府间的文学作品互译出版项目，六年间互相翻译出版 100 种图书，各 50 种。截至 2019 年底，我们已经翻译出版了 94 部作品，其中俄罗斯文学作品 56 种，中国文学作品 38 种，有声书、电子书也在陆续推出。另外我们也承担了中国和白俄罗斯政府间的文学作品翻译出版项目。

宁："中俄互译出版项目"产生了什么样的影响？

张：第一，这是中俄两国分别对外开展的成果最多的图书翻译出版项目。第二，这个项目占中国政府对外互译成果的 70% 以上。第三，在这个项目当中，我们有 5 部作品入选 2016 年《光明日报》和俄罗斯塔斯社开展的"俄罗斯最受欢迎的十大中国畅销图书"。第四，俄罗斯多位汉学家获得中国驻俄罗斯大使馆举办的"品读中国"翻译奖。第五，经文著协推荐，南京大学王家兴教授获得了 2018 年"阅读俄罗斯"文学翻译奖提名奖。第六，俄罗斯著名汉学家谢公和南开大学谷羽教授合作选编翻译的《诗国三高峰，辉煌七百年：唐诗宋词元曲选》和《风的形状：中国当代诗歌选》在俄罗斯出版俄文版之后产生了很大影响，汉俄对照版获得了中国国家出版基金资助，列入了"十三五"出版规划，将由天津大学出版社出版。第七，2016 年，我们文著协与俄罗斯翻译学院合作推出了"中俄互译出版项目"中文专刊和俄文专刊，在当年的北京国际图书博览会和莫斯科国际书展期间推出，参加莫斯科国际书展和两年一届的俄罗斯文学国际翻译家大会的 700 余位代表，人手一份俄文专刊，产生了很大反响。第八，经文著协推荐，2019 年 7～8 月，《北京晚报》连载"中俄文学作品互译出版项目"中的重要成果——《魔鬼的灵魂》（北京大学出版社，2015，温玉霞译），这也是 1991 年以来中国都市晚报类报纸第一次大规模连载当代俄罗斯文学作品。第九，文著协利用国际书展、国际版权研讨会、出访等机会，积极推介"中俄互译出版项目"成果，给很多国家的有关机构如驻外使馆，国家图书馆、文化部等赠送了"中俄互译出版项目"成果。第十，我们实地考察了莫斯科、圣彼得堡等的大书店，从南到北，从西到东，包括大型网络书店，都有我们"中俄互译出版项目"成果、版权输出的中国文学作品俄文版在销售。

所以，中俄两国政府新闻出版主管部门——中国国家新闻出版署和俄罗斯出版与大众传媒署一致认为，"中俄现代与经典文学作品互译出版项目"是中俄两国政府对外开展的影响最大、进展最顺利、成果最丰硕的互译出版项目，是中俄两国重要的人文文化合作项目。

2017 年 7 月，时任中宣部常务副部长的黄坤明出席在莫斯科举行的"第三届中俄媒体论坛"和"2016－2017 中俄媒体交流年"成果展时，向俄罗斯总统办公厅第一副主任格罗莫夫赠送了"中俄互译出版项目"的成果之一——《红楼梦》俄文版（上下册）。

每年 6 月初，在莫斯科红场图书节举办期间，红场上都会销售我们"中俄互译出版项目"的成果，比如《子夜：茅盾作品选》《红高粱》《生死疲劳》《暗算》《兄弟》《北妹》等。位于莫斯科新阿尔巴特大街上的"莫斯科书店"是俄罗斯最大的书店，在"外国文学"书架上常年都会销售"中俄互译出版项目"全部成果以及中国作协、地方作协资助的一些文学作品。我们也向俄罗斯远东地区的符拉迪沃斯托克市图书馆赠送了"中俄互译出版项目"图书和我们自己的版权贸易成果，他们专门设有中国书架。

我们日常的版权贸易也协助一些出版机构、传媒机构和作家向海外输出版权，像《中国百科》不但出版了俄语版，也出版了白俄罗斯语版；《狼图腾》出版了俄语版、乌克兰语版；2019 年中蒙建交 70 周年的时候，我们受蒙古国驻华使馆委托，按照中宣部要求，只用一周时间，就解决了入选《70 年 70 位作家 70 部作品》的我国 70 位作家的斯拉夫蒙文版权授权问题。

我们向乌克兰输出了《三十六计详解》的版权，在乌克兰出版了汉语和乌克兰语对照版。由文著协代理，企鹅出版集团多年前翻译出版了老舍的《二马》和《双城记》英文版，面向全球发行。还有很多中国文学作品输出到韩国，被翻译成韩语。2015 年，文著协和人民出版社共同策划了《共抗法西斯》中文版和俄文版，这两部图书被习近平总书记和普京总统作为国礼进行互送。

宁：所以版权贸易在中国文学作品"走出去"方面发挥了很大作用。

张：没错。如果总结一下版权贸易的市场属性或者功能的话，我认为，它应该有以下三种：第一，版权贸易可以推动文化的国际传播，增进中外文明交流互鉴；第二，可以实现文化产品和文化服务的市场价值；第三，可以让文化和文明更易于接受和传播。我认为最关键的一点是在图书、影视剧、戏剧、游戏、软件、演出、音乐作品等的版权贸易过程中，版权贸易关系往往不带有意识形态色彩，这就有利于中华文化通过市场化的方式和手段走出去，达到春风化雨、润物无声的效果。

二 习近平总书记的文明交流互鉴观 指导中华文化海外传播

宁：习总书记在党的十九大报告中提出文明交流互鉴观，您怎么看待版权贸易与中外文明交流互鉴的关系？

张：习总书记的文明交流互鉴观，是中华文化海外传播、中国文学作品版权输出的重要指引、根本遵循。习总书记在党的十九大报告中明确提出，要推动中华优秀文化创造性转化、创新性发展，加强中外文化交流，提高中华文化软实力等重要论断。在 2019 年第 9 期的《求是》上，习总书记发表了《文明交流互鉴是推动人类文明进步和世界和平发展的重要力量》，系统阐述了文明交流互鉴观的内涵，即"文明因交流而多彩，文明因互鉴而丰富。""文明如水，润物无声。我们应该推动不同文明相互尊重、和谐共处，让文明交流互鉴成为增进各国人民友谊的桥梁、推动人类社会进步的动力、维护世界和平的纽带。"国之交在于民相亲，民相亲在于心相通。中华文化"走出去"的目标就是讲好中国故事，传播好中国声音，阐释好中国特色，展示好中国形象，提升中华文化的软实力。

习总书记在 2019 年的亚洲文明对话大会开幕式上的讲话中关于文明交流互鉴也有重点论述，"文明因多样而交流，因交流而互鉴，因互鉴而发展。我们要加强世界上不同国家、不同民族、不同文化的交流互鉴，夯实共建亚洲命运共同体、人类命运共同体的人文基础"。同时提出四点主张，"坚持相互尊重、平等相待""坚持美人之美、美美与共""坚持开放包容、互学互鉴""坚持与时俱进、创新发展"。

在习总书记文明交流互鉴观的引领下，中央和地方出台了一系列政策。目前，我国已经形成了包括图书在内的文化产品的实物出口、版权输出、版权项目合作、境外独资、境外合作、服务出口、委托加工等文化

"走出去"的立体格局。

自 2008 年国务院颁布《国家知识产权战略纲要》以来，包括版权在内的知识产权成为国家发展的战略性资源和体现国际竞争力的核心要素；版权运用与保护、版权资产管理理念逐渐深入人心；版权资产成为文化创意产业的核心资产、核心要素和核心竞争力；版权贸易与版权合作成为中华文化"走出去"的重要方式。习总书记在党的十九大报告中强调，要倡导创新文化，强化知识产权的创造、保护和运用。由此，国家各项鼓励资助政策纷纷出台，在文化"走出去"过程中发挥着重要的推动作用。一批优秀的图书、影视作品、广播电视节目、戏剧、文创产品、文化服务走出国门，极大地丰富了中外人文文化交流的内涵，提升了中华文化的国际影响力，增进了彼此间的了解，为其他领域的合作奠定了良好的人文文化基础。

宁：所以您认为版权贸易、版权输出是积极构建人类命运共同体的实际举措？

张：是的。党中央、国务院、中办国办、有关部委、地方政府部门都出台了一系列鼓励中华文化"走出去"的优惠政策。海外的一些汉学家、友好机构，在翻译、研究、传播中华文化方面也逐渐形成了一些梯队。原来是很多国家的汉学家、中文翻译家人才队伍青黄不接，现在出现了很多中青年翻译研究队伍。俄罗斯与周边国家等很多高校的孔子学院、研究机构中都有大量的中青年汉学家从事翻译、研究中国文学作品的工作，也包括翻译中国的影视剧、网络游戏等。

我国文学作品的版权输出既包括我们常见、常说的小说，也包括一些科幻作品、诗歌、戏剧；既有图书出版，也有报刊发表，还有海外当地人排演的戏剧演出，电子书、有声书和新媒体传播；既有中国作协会员的作品，也有地方作协会员的作品被海外翻译家翻译出版。

文著协正在做下列版权输出项目：已经输出到俄罗斯的我国著名文化学者崔岱远老师的《吃货辞典》，在圣彼得堡出版俄文版。我们也在协助俄罗斯汉学家翻译邹静之、刘恒等六人的话剧集。还代理一些中国原版小说列入俄罗斯的教辅。此外，乌克兰汉学家要翻译阿来的《尘埃落定》，塞尔维亚汉学家要翻译蓝蓝的诗集《身体的峡谷》。我们还协助商务印书馆输出《新华字典》和《现代汉语词典》的俄文版权。国家社科规划办公布了"中华学术外译项目推荐选题目录",我们协助有关出版社和国内译者成功申报了 10 余种,正在协助有关出版社输出版权。

我们正在策划"丝路生态文学书系",以自然文学、动物小说、少数民族人文和自然风貌为主,我们计划在 2021 年推出第一批成果的中文版、俄文版。我们也按照国家新闻出版署的要求,进一步深化"中俄互译出版项目"成果的传播与推广,准备开展第二批 100 种新书的遴选工作,开展有声书、电子书的授权传播,计划开展与阿塞拜疆、阿尔巴尼亚、塞尔维亚等国的互译出版项目。

我们正在策划"外国人眼中的中国"项目,这不仅包括外国人研究中国的成果,也包括外国人以中国文化、当代中国人的生活为背景所创作的文学作品。

我们也积极参与俄罗斯出版与大众传媒署设立的"俄中文学外交翻译奖",近期我们将与俄罗斯出版与大众传媒署、俄罗斯翻译学院共同举办一个线上的"俄中文学外交翻译奖"的国际视频会议。我们也在积极参与俄罗斯"比安基国际儿童文学奖""俄罗斯金笔奖""阿尔谢尼耶夫远东文学奖"的评选,参与俄罗斯太平洋文学节、白俄罗斯的斯拉夫集市国际艺术节、欧亚文学节等活动,与媒体进行互动。这些项目、活动在促进中国与各国文明交流互鉴方面发挥着非常重要的作用。

宁: 您认为中国文学版权输出,应该重点把握的基本点是什么?

张: 第一,我觉得应该把提升中华文化软实力作为中华文化"走出去"、中国文学版权输出的使命。要以习近平总书记文明交流互鉴观为指导思想,以构建人类命运共同体为目标。

第二,要树立以下两个基本的法治观念。一是版权不仅是私权,在权利人行使权利时,还要遵守我们国家的宪法、法律和政策,维护国家利益和荣誉。版权输出时,作者的修改权、保护作品完整权等可以主张,也可以放弃,但要符合宪法、法律,不得由于个人放弃部分权利而对国家利益和荣誉造成伤害、损害。维护国家利益和荣誉是每个中国公民的义务。不能轻言放弃一些权利而片面强调输出。我国宪法规定,公民有言论、出版的自由,公民享有宪法和法律规定的权利,同时必须履行宪法和法律规定的义务。公民在行使自由和权利时，不得损害国家的、社会的、集体的利益和其他公民的合法自由和权利。公民有维护祖国安全、荣誉和利益的义务，不得有危害祖国的安全、荣誉和利益的行为。著作权法也规定，著作权人行使著作权的时候，不得违反宪法和法律，不得损害公共利益。二是版权输出在推动中国文学"走出去"方面发挥着重要作用，版权贸易、版权输出首先是商业行为，是一门生意，是无形财产权贸易，应该遵守版权贸易的规则。相关的市场主体要有生意人的眼光和思维。

三　输出版权的关键要素

宁：确实，既要有使命感，又应严格守法，那么，我们怎样才能做好版权输出，在中国文学对外传播的过程中应该把握哪些关键要素？

张：第一，要维护作家权益和中国作家的整体形象。现在有一个趋势，很多机构为了版权输出，把中国的一些作家作品廉价甚至免费授权出去。这时候，要考虑到贱卖甚至免费授权海外出版、传播中国文学作品的版权，对中国整个作家群体、整个出版界所造成的负面影响。在这方面一定要把握尺度，哪些图书、哪些项目可以免费。政府的对外宣传与正常的版权贸易、版权输出应该区分清楚。

第二，应该将版权输出与版权引进并举，互利互惠。

第三，了解海外的政策法规和风俗习惯，只有入乡随俗，才能实现本土化。

第四，要了解海外的市场需求。海外需求并不是一成不变的，它是可以培养的。

第五，不能忽视很多国家拥有的国家版本图书馆的权威信息来源。俄罗斯、中东欧国家、古巴、巴西、阿根廷等很多国家都有一个国家版本图书馆。这些国家出版的所有出版物，在这个版本图书馆里都有收藏，可以作为我们研究了解海外图书出版市场需求和中国图书翻译出版情况的重要信息来源。包括大连外国语大学在内的一些高校、科研机构，也设立了相关的一些"走出去"研究评价机构，这对中华文化"走出去"起到了重要的智囊作用。文著协也是中国出版协会"一带一路"工作委员会的副主任单位，这些年来也参与指导了一些"走出去"的课题项目，还参与了国家知识产权局"国家海外知识产权纠纷应对指导中心"的工作。

第六，在版权输出过程中，一定要尊重作家的版权。曾经有俄罗斯的多位汉学家、多个出版社咨询，中国竟然有七八家出版社声称可以代理曹文轩的版权，到底谁可以代理曹文轩的版权？我们也处理过悬疑作家蔡骏、儿童文学作家葛翠琳等作家的作品在没有经过作家本人授权就在海外翻译出版的版权问题。比如，中国人民大学何家弘教授发现，自己的一部小说被翻译成英语在加拿大亚马逊平台上已经销售两年之久。

第七，版权输出时一定要熟悉对方，做到知己知彼，要给对方一个与你进行谈判并购买版权的理由。

第八，善于谈判，注意整合资源，加强海外传播、营销推广，发挥当地官方、民间、相关热心人士和友好机构尤其是媒体的作用。

第九，要注意多种知识产权运用，多种版权开发，版权输出不能只注重"量"，更要注重"质"。这些年来，很多部门、很多出版社都在强调对外翻译出版的"量"。我个人觉得还应该重视"质"，打造中国品牌。"宁吃仙桃一个，不吃烂杏一筐"，就是这个道理。应该考虑，如何把几千年来中国优秀的传统文化、哲学思想、中餐、中医药、武术、禅文化、当代重大科技成果、人工智能、建筑、当代农业、脱贫、少数民族文化传承、当代中国的生活等中国特色阐释好，如何把华为、淘宝、微信、中石油、中铁等中国的品牌、中国名片利用好。我也注意到，中国的一些重大科技成果科普类图书、中国主题图书，在海外传播方面需要进一步通俗化、大众化。

第十，需要培养相关版权人才队伍。需要相关从业者有跨界思维，既要具有较强的谈判能力，懂营销，善于整合资源，也要有职业道德。

第十一，我也注意到，包括大连外国语大学、北京外国语大学在内的一些高校，设立了中华文化海外研究的机构，这些机构都需要建立中华文化海外传播研究评估体系。

第十二，在中华文化海外传播过程中，我们不能忽视海外图书馆、海外高校这些重要的渠道。在很多国家，图书馆都是按照国家和城市规划来建设的，即使在数字新媒体时代，图书馆仍是很多城市的标志性公共文化服务设施和文化地标。数字化时代，尽管数字阅读大行其道，但是很多国家的知识分子、家长和青少年儿童仍有去图书馆看书、学习、查阅资料、参加活动的良好习惯，喜欢"泡"图书馆，注重深阅读。另外，由于很多国家图书馆收藏的中文图书资源有限，因此，可以将国内的很多优秀图书向海外图书馆有计划地批量赠送、推广。文著协曾连续多年向俄罗斯外国文学图书馆、符拉迪沃斯托克市图书馆、远东联邦大学图书馆、土库曼斯坦国家图书馆、全俄"海洋"儿童中心、阿塞拜疆文化部、阿塞拜疆国家图书馆、莫斯科中国文化中心、俄罗斯驻华大使馆、北京俄罗斯文化中心、中国驻土库曼斯坦大使馆等机构赠送"中俄互译出版项目"中的俄文成果，并在当地图书馆举办相关活动，产生了良好的社会反响。因此，我们要重视海外图书馆系统对中国优秀图书的推广传播作用。

第十三，不能忽视国内市场，在国内生活工作的外国人以及在国内学习外语的中国人也是一个庞大的群体，要对这类人群也给予足够重视。

第十四，应该完善"走出去"资助项目的运作方式。现在，我国很多机构、部委都有一些"走出去"的翻译出版资助项目。在资助过程中，资助、扶持重点应该是海外汉学家和海外出版社，而不是国内出版机构，应该重点解决翻译出版传播过程中的难点，首先"雪中送炭"，之后才是"锦上添花"。资助固然重要，但是一些海外出版机构市场化程度高，不愿意与政府部门沾边，因此，要深入了解海外合作伙伴的需求。

中国文学版权"走出去"，需要作家、翻译家、国内外相关人士、机构、传媒机构共同发力，需要政府精准出手扶持，踏踏实实做实事，慢工出细活，不搞"花架子"和形式主义。

宁：再次对您表示感谢，等疫情过后，欢迎张老师来大连外国语大学。

中华文化"走出去"研究

泰戈尔的世界化与中国文化
"走出去"：启迪和借鉴

孙宜学　罗　铮[*]

摘　要：作为亚洲第一位获得诺贝尔文学奖的作家，泰戈尔成为西方认识东方的窗口和东西方文化交流的桥梁。泰戈尔以人类命运为主题，以世界视野创作了一系列经典文学作品，并且身体力行，通过翻译、演讲、社会活动等，不断推动自己的文学走向世界，在不懈努力下实现了世界不同文化的求同存异，互相补充，和谐发展，其中蕴含了文化沟通和交流的普遍规律和经验教训。新时代中华文化"走出去"与泰戈尔推动世界一体化发展的目的具有同质性，即都是为了实现世界各民族文化和谐共生，最终建构人类命运共同体，因此，客观分析泰戈尔的世界化过程、经验和教训，对中国文化世界化也能提供有益的启迪和借鉴。

关键词：泰戈尔　世界化　中国文化"走出去"　人类命运共同体

泰戈尔的世界化无疑是 20 世纪东西方文学文化交流最成功的案例之一。从语言的亲属关系上来看，英语和孟加拉语同属印欧语系，相近的语言亲属关系使翻译过程中语言转换的难度相对较小；而汉语属于汉藏语

───────────

[*]　孙宜学，同济大学国际文化交流学院教授，博士生导师，研究方向为中华文化传播；罗铮，西安电子科技大学外国语学院讲师。本文为国家社科基金一般项目"中国泰戈尔学建构关键问题研究"（14BWW025）、中央高校基本科研业务费专项资金项目"东西思想文化观念的冲突与融合——以泰戈尔东西文化观的形成与传播为例"（20101196847）阶段性成果。

系，汉英两种语言之间的语言关系相对疏远，增加了语言转换的难度。但就文学文化传播而论，中印文学文化在西方的传播仍有不少共通之处。两者同属亚洲文化，与西方强势文学文化相比，都被视为弱势文学文化。在哲学诗学思想方面，都思考人与世界、人与自然、人与人、民族与民族、国家与国家之间的关系，都以文学为社会现实、社会发展、人类情感的表达媒介。因此，泰戈尔文学作品的西方译介和传播经验与教训，对中国文学文化"走出去"也能提供有益的启迪和借鉴。

一 泰戈尔：东西方文化友好交流合作的象征

泰戈尔因诗人身份而为西方所知，其作品早已被选入诺顿、剑桥等世界文学选集，但若从比较文化影响研究的角度谈泰戈尔对西方作家的影响，结果显然会低于预期。因为就文学影响而言，泰戈尔在西方只是一个短暂的"文化热潮（Craze）"，实际上，泰戈尔对西方和印度文化交流的促进和推动作用，远远超越了其文学层面的影响。泰戈尔在西方对印度文学文化的传播，不但促进了西方对印度的深入了解，而且推动了东西方文化交流与合作。泰戈尔去世以后，其文学价值在西方不断被重估，他在东西方文化交流中的象征意义不断被强调，从而成为东西方文化友好交流合作的象征。

西方通过英译泰戈尔文学作品和泰戈尔在西方的演讲等文化交流活动，重新认识了印度文学和文化。自从泰戈尔的文学作品传入西方之后，西方读者眼中的印度形象就发生了改变。英国媒体曾坦言："吉卜林记忆中的武力暴动，给英国人脑海中留下了奇怪的印度印象：刺目、耀眼的色彩，广阔的空间，苦难，欺骗，撒提，饥荒"，这让英国人"感受到了白色和棕色人种间巨大的鸿沟"，泰戈尔的出现，却在东西方的这道鸿沟上"架起了桥梁"。[①] 泰戈尔的作品不但为西方读者提供了新的阅读经验和审

---

① Briggs, F. A. "A Great Man from Bengal." *The Daily Mail*, Oct. 29, 1913: 6. [Cited from Kundu, K. Bhattacharya, S & Sircar, K. *Rabindranath and The British Press* (1912–1941). London: The Tagore Center (U. K); Calcutta: Exclusive distributors in India Rupa& Co., 1990, pp. 25–27.]

美感受，还成为西方世界全面客观了解印度文化文明的窗口。通过泰戈尔，西方读者认识到东西方文化之间并不存在不可逾越的鸿沟，不同民族在看似巨大的民族差异下有相同的对美和真的追求，而文学所具有的民心相通的功能，使它成为消除民族差异的媒介。"诗歌就是这种可以把大家团结起来的价值观"，泰戈尔正是凭借大家对文学的兴趣，"把人们联系到一起"。① 英国《曼彻斯特卫报》曾这样评价泰戈尔对消除民族差异的贡献。

> 泰戈尔凭借自己的文学成就，向英国社会表明："种族间的差异，看上去是根本性的，最后都被证明是表面的"，泰戈尔就是要打破这些差异，把不同民族统一起来。②

罗素也曾给予泰戈尔类似评价。

> 泰戈尔对我们这个时代的任务——促进不同种族的相互理解，做出了最大的贡献。他对印度所做的贡献，用不着我来说，但是他对欧洲和美国在消除偏见和剔除误解上所做的贡献，我敢说，就凭这一点，就值得我送上最高的崇敬。③

美国牧师约翰·海恩斯·霍姆斯（John Haynes Holmes）对泰戈尔倡导东西方文化互补的意义这样概括。

> 机械、生产、财富、战争占据了我们的世界，并反映在了对思想机械化、物质化形式生产的掌控。然而，泰戈尔却提醒我们，内在精

---

① Chatterjee, R. *The Golden Book of Tagore*. Calcutta: The Golden Book Committee, 1931, p. 32.
② "Books and Bookmen." *The Manchester Guardian*, Dec. 6, 1913: 7. [Cited from Kundu, K. Bhattacharya, S & Sircar, K. *Rabindranath and The British Press* (1912 – 1941). London: The Tagore Center (U. K.); Calcutta: Exclusive distributors in India Rupa& Co., 1990, p. 45.]
③ Russell, B. "Heartiest Greetings to Tagore on His Seventieth Birthday!" In *The Golden Book of Tagore*. Chatterjee R. ed. Calcutta: The Golden Book Committee, 1931, p. 220.

神是唯一现实，精神的满足是所有生命的奥妙。此外，泰戈尔还是东西方的协调者。泰戈尔稔熟西方文学文化，能从西方的恶中看到它的善，能从其受物质的掌控中看到对人类生活不可或缺的永恒贡献，并在东方赞誉西方的巨大成就。正是因为泰戈尔了解西方，所以他看到了西方需要借助东方对内在生命的掌控，来匹配其对外部事物上的有力掌控。因而，东西方彼此需要对方，如同柏拉图神秘的半身人，渴望、寻求自己的另一半。①

泰戈尔在西方各国的演讲进一步让西方认识到东西方文化完全可以也应该尽快实现互补和互惠。一方面，泰戈尔在演讲中批判了西方物质崇拜的危害；另一方面，泰戈尔不断强调东方精神主义对西方的有效补充，希望西方能借助东方文化来解决自身文化的问题。泰戈尔强调西方不但应学习友爱、"梵我一如"等印度精神，更要在行动中具体实现印度的宗教哲学思想。在泰戈尔看来，西方学者对印度伟大的经典作品只有考古和学术研究的兴趣，实际上应重新认识《奥义书》等在实际生活中的价值："《奥义书》中的诗行，佛陀的教海，都是精神的力量，因而都拥有无穷的生命活力"。② 只有让印度的宗教哲学思想不断渗透到以科学、商业、机械为核心的西方文明之中，才能有效化解西方文化中的危机。

泰戈尔主张建立以博爱、和谐、平等、互助等道义原则为基础的精神联合，为新型东西方关系的建立提供了新思路。泰戈尔对东西方文化交流的影响，不仅在于他指出了以民族主义为基础的国际关系的不足，而且因他认为民族主义局限会引发民族国家间的争抢掠夺，从而给人类带来危害，因而，他提出以道义为原则，重建以世界主义观为核心的新型世界关系。

美国著名女作家、慈善家海伦·凯勒（Helen Keller）曾高度评价泰戈

---

① Holmes, J. H. "Tagore." In *The Golden Book of Tagore*. Chatterjee R. ed. Calcutta: The Golden Book Committee, 1931, pp. 109 – 110.

② "Books and Bookmen." *The Manchester Guardian*, Dec. 6, 1913: 7. [Cited from Kundu, K. Bhattacharya, S & Sircar, K. *Rabindranath and The British Press* (1912 – 1941). London: The Tagore Center (U. K.); Calcutta: Exclusive distributors in India Rupa& Co., 1990, p. 45.]

尔的世界主义观。

> 思索你所带来的"友爱""合作"的讯息，会带给我们丰硕的灵感。……你一步步走向"冲突尖锐""愚昧深重"的人类居所。你牵着孩子们的小手，带他们走进乐园，教导他们对生活之美心存怜悯，生活在关爱之中。
>
> 你观察敏锐、善于聆听，在人生之旅中看到了分裂、偏见、仇恨给人类所带来的分裂、黑暗与无知。人们彼此陌生，甚至视若仇敌。但是，通过长期耐心的观察，你却看到了隐藏在人类背后的爱的动力。爱能把人类遭到毁坏的生活变得更富创作力，给人类带来和平。对这受恐惧法则统领的世界，你是倡导爱的法则的先知。……战争将会结束，仇恨将会消亡，界限将被打破，教条将被消除，人类将会拥有比这更伟大的东西。①

就这样，泰戈尔以诗人的身份进入西方视域，以多元身份发挥东西方文学文化沟通作用，成为西方了解印度文学文化的窗口和促进西方同印度不同民族文化交流的阶梯。

总体而言，不论泰戈尔生前还是生后，西方人都把他视为印度和东方文学文化的符号和象征，据以了解和研究印度和东方。而泰戈尔也作为东西方文学文化沟通的桥梁，在不同的时代都能获得新的重要价值。

二 泰戈尔文学世界化对世界文化交流的启示

泰戈尔的文学作品作为西方和世界构建泰戈尔形象的基本材料和依据，在被接纳和理解或误解的过程中产生的经验和教训，对世界不同文化之间的形象构建至今都有启示作用。

事实证明，只有实现了世界化的民族文学，才能更好地服务于世界文

---

① Keller, H. "Beloved Friend." In *The Golden Book of Tagore*. Chatterjee R. ed. Calcutta: The Golden Book Committee, 1931, p. 122.

学和谐发展，并在积极推动人类命运共同体建设中实现自身健康发展。民族文学文化的世界化，不但可培育本民族的天下情怀，还可通过主动"走出去"，使对象国受众通过对本民族文学的审美欣赏，提升受众了解本民族文化的积极性并实现深度融入、不自觉融入，进而激发其对自身民族文化独特之美的认知和自豪感，以更好地借助不同民族的智慧发展自身民族文化。同时民族文学在传播自己的同时，也会不断汲取对象国的文化来丰富和发展自己。

任何作家、任何民族的文学都是吸收了本民族和世界各民族文化营养后结出的硕果，蕴含着本民族传统文化和当代文化的精华；任何作家、任何民族的文学也都具有天然的世界性，都是世界文学的一部分。优秀的文学作品都是人类自由安放灵魂的栖息地，是世界不同国家、不同民族，乃至全人类心灵的吟唱，表现人类最真挚、永恒的情感，满足人类对美好生活的追求，为人类提供语言的韵律之美，揭示普遍人性中真、善、美、诚、信、义等高贵品质，积极影响人类正确对待自我、生命、自然、世界、历史和未来。

然而，不同民族的文学表现这种世界性的方式和方法各有不同。为了实现世界文学和谐交流，各民族文学就要立足本民族文化积极寻找世界不同民族精神的共鸣，最终实现不同民族文化的和谐相处，共同发展，共生共进，从而使世界优秀多元文化同放异彩，人类精神形成和鸣。

创造美是人生最高级的乐趣。如果能把一个国家创造的美，转化为全世界的美，那不是最高级的善、最高级的乐趣吗？翻译文学正是为全世界创造美的艺术。① 任何作家、任何民族的文学的审美功能实现世界化，首先就需要通过翻译等手段在不同的文学世界间建立连接。翻译有助于消除不同语言文化表达形式造成的障碍，探求文学的内在民族精神与其他民族文学的内在民族精神之间的相互沟通和理解，即实现民族精神相通。

泰戈尔文学作品在西方和世界上的翻译和传播，至少可以为世界文学文化交流提供三个方面的借鉴。

---

① 许渊冲：《美之创造 贵在新颖——〈莎士比亚选集〉前言》，《山西大同大学学报》（社会科学版）2017 年第 2 期。

第一，文学共通性是文学交流和接受传播的基础。如《吉檀迦利》在西方世界的成功很大程度上缘于诗集与西方诗学范式的融合。当然，也和当时西方独特的社会文化语境相关。任何一种民族文化要"走出去"，都面临着类似的异域社会文化语境，传播对象国的异域想象多于实际了解。要推动本民族文学在世界上有效译介传播，除了保证语义的准确，还应重视文本的选择、处理好译文和译入语文化之间的对应关系。

如何适应传播对象的文化语境并适当调整翻译策略，使不同文化形成的审美习惯能够在一定程度上融合，是世界文化交流的瓶颈，也是关键。《吉檀迦利》进入西方社会文化语境，时值西方读者普遍对孟加拉语文学文化缺乏了解，也就是说，对源语文学文化缺乏了解的英语读者还无法依据孟加拉语文学评判泰戈尔英译文的优劣，译文忠实与否和读者的评判没有直接关系，在这种情况下，要得到英语读者的接受和喜爱，顺应读者的审美习惯就显得最为重要。泰戈尔为此就采取了相应的翻译策略，使《吉檀迦利》英译本获得西方社会的普遍好评。

在全球化浪潮的推动下，当前世界各国文学文化"走出去"的主动性日益显著，世界范围内的合作成为常态。要保证文学翻译传播的质量和效果，首先需要有步骤、规模化、精细化地根据不同国家的民族文学特点，差别化选择既能有效地体现本民族文化传统和创新精神，又能与所在国文学精神、民族精神相通相融的文本，采取适当的翻译方法和传播途径，同中存异、异中求同，切实找到适合本民族文学国际化的有效途径，让本民族文学之美、文化之美、心灵之美成为所在国民族文化精神的有机组成部分。

第二，译文普世性和译文民族文化独特性必须并举。过度关注译文和译语文学文化关系，很容易陷入完全顺应、屈从译语文学文化的误区。如果翻译的文学作品完全屈从译语文学文化，译文自身的价值就难以保证。如果译文完全趋同译语文学文化，外语读者可能会更偏向于他们本国的文学作品。

泰戈尔诗歌的英译策略，为世界文学文化互通提供了新视角。英译泰戈尔文学作品之所以能在西方产生巨大反响，很大程度上是因为其英译文体现了民族文学独特性和文学共通性之间的融合。泰戈尔文学英译作品所关注的，并非译文和原文间的忠实对等，而是译文与译语文学规范的密切联系，以及译文自身的文学性。泰戈尔孟加拉语文学作品的英译，不但在诗歌选目和文学选本上更倾向于普遍性主题，而且译文表达极大顺应了英语文学表达规范，同时又保留了民族独特性，其中最突出的是诗歌所蕴含的鲜明的印度毗湿奴诗派的诗学特征，以及对宗教的虔诚、"梵我一如"的思想，从而实现了译文普遍性和民族文学文化独特性的融合，成为打动英语读者的关键要素。

第三，要采取并坚持以文化交流为导向的文学译介策略。《吉檀迦利》成功的关键在于以文化交流为导向，注重译文在所在地的接受传播。为此不但在选目时特意挑选普适性主题的诗歌，还请西方作家修改润色，以求译文能适应译入语文学文化环境，兼顾了普遍性和民族独特性。

任何民族文学文化要实现真正的世界化，就必须既重视译文与文学文化的共通性，又兼顾本民族文学文化对其他民族的贡献。任何民族文学文化要走向世界，都首先要主动为世界提供自身民族文化的优秀元素，满足世界了解和认知的需要，为其他民族文化提供有效补充、帮助。文化多元是世界文化生存发展的常态，但只有实现不同文化的和谐共生，多元文化才能真正获得自身发展和共同发展的生存环境，世界不同民族文化之间才能真正互信相通。

泰戈尔文学作品在西方世界的译介传播及其文化交流活动，为东西方文化交流提供了一个典型案例，为世界文化交流提供了有益借鉴。

三　泰戈尔形象世界化对世界文化交流的启示

泰戈尔以作家身份成为印度和东方文化的象征，他在西方和世界范围内通过努力推动东西方文化交流而进行的形象塑造过程以及被接受和重塑的经验和教训，为当今世界文化交流提供了很多宝贵经验。

第一，文学译介和传播，不应局限于文本层面，而要以文化交流为目的，积极通过对话、文化互动等多种方式，全方位实现文化交流和融合。东西方文化交流客观上存在着不平等关系。西方文学在东方的译介传播，不但容易引发关注并产生社会影响，还更容易影响到东方作家的文学创作；东方作家的作品很难既在西方引发社会关注和社会影响，又影响西方作家的文学创作。因此，虽然西方的"泰戈尔热"至今已过百年，泰戈尔诗歌已被各大世界文学选集收录，其文学业已进入世界文学行列，但迄今为止很难明确说清泰戈尔影响了哪位西方知名作家的文学创作。因此，推动东西方文化真正实现平等交流，对促进西方重新认识东方文学文化影响重大且意义深远。当前，我们要以泰戈尔世界形象的建构为中心，认真考察东方文学在西方的文学交流和影响的历史、现状和未来，切实找到东西方文学和文化相互促进、深度融合的途径和规律，在更开阔的视域内超越文本的局限，推动世界文化一体发展。

第二，世界文化交流要坚持文化平等原则，同时避免文化自负和文化自卑。世界不同文化之间的矛盾与共生是对立的统一，无时不处于碰撞与冲突之中，也无时不处于新的和谐共生关系之中。在这个过程中，文化强弱态势明显，且始终处于动态的抗衡与强弱变化之中。如中国近现代以来，在救亡启蒙图存的压力下，不断汲取世界先进文化的力量，不断从传统走向现代、从封闭走向开放、从积弱走向富强。经过了100多年的励精图治，中华民族实现了从民族自觉—自新—自强—自信—自尊的跨越。

世界文化交流史证明，任何民族文化世界化的过程都一定是危机重重的过程，充满着不可预知的矛盾、冲突，误解与质疑更是常态。不同民族的思维方式是有差异的，表达感情的方式和角度也不同。要减少传播障碍，保证传播效果，就必须秉承真诚的态度，重视总结分析不同文化交流历史上的偏误和认识上的不平衡、不均衡甚至失衡的现象及原因，以科学精神理解和面对国别差异、文化差异，科学选择适合传播的内容和角度，准确设定传播路径，加强质量评估，尽量避免或减少重复性的阐释和简单的歧义性理解，不但要直面文化差异和文化冲突，而且要善于利用文化差异找到本民族文化可以被接受和欣赏的土壤，然后实现与所在地文化语境由浅入深地融合，使本民族文化成为世界文化大家庭中自然的存在，从而实现不同民族文化和谐共生的文化大同理想。

一国文学文化的世界传播，常常会陷入盲目的文化自信或文化自卑中，从而无法实现不同文学文化间的平等交流。泰戈尔对不同民族文化交流的借鉴意义，体现在其主张的世界主义立场。他始终坚持世界一体下不同民族、国家间应平等交往，主张民族间的情感沟通与精神交流，倡导博爱、互助、友善的民族交往原则，主张东西方文化互补互惠，提倡采用灵活有效的文化交流策略，增进不同民族间的互助交流与友好合作。

首先，泰戈尔坚持认为，不同民族文化平等，都能为世界贡献自身文化成果。针对西方的文化心理优势，泰戈尔另辟蹊径，把西方文明划分为精神文明和物质文明。在泰戈尔看来，西方的心理优势和文化自豪感，建立在物质文明基础之上，而物质文明以物质财富积聚为核心，过于强调物质占有，极易引发物质争夺，造成人情冷漠、人与人之间缺乏关爱。而印度文化所强调的博爱、友好、和平共处等道义原则，恰好能有效补充西方精神文明的不足。当然，泰戈尔在看到西方精神文明缺乏的同时，也承认西方殖民主义视角下的落后、饥荒、愚昧的印度形象源自印度落后的物质文明，因此主张印度应该学习西方的科学技术以弥补自身物质文明的不足。

其次，泰戈尔始终坚持民族间的对话交流，并倡导友善、博爱、道义原则。泰戈尔始终倡导超越狭隘民族主义局限的博爱精神，反对民族主义暴行，倡导道义原则下的民族交流合作。

泰戈尔的东西方文化交流客观上重塑了世界的印度形象。他一方面否定了以英美为代表的西方国家的文化心理优势，另一方面又为在西方宣扬印度文化找到了充足的理由。东西文化互补论还使泰戈尔站在道义制高点，为批驳西方文化的劣势与不足找到理据。泰戈尔批判西方文化虽引发了强烈的反对与不满，但客观上也推动了西方重新审视印度文化。而只有重新审视印度文化，才能改变西方对印度文化和东方文化的片面认识，才能使西方认识到东西方文化之间只有表象的不同，却无本质差异，进而真正推动东西方文化交流。

最后，文化形象建构要客观全面，避免以偏概全。泰戈尔形象是一个复杂多元的综合体，因此，研究泰戈尔本人及其在世界范围内的影响一定要立足其文学和思想实际，全面了解和理解其丰富、多元的思想体系，尽量真实还原、准确定位泰戈尔在世界文学史、文化史上的地位，避免误读和误导。这对在世界多极化背景下客观公正构建不同民族文化形象，可以提供直接而有效的启示。

在当时特定历史文化语境下，泰戈尔为促进东西方文化交流采用了一些文化交流策略。他把西方文化简单归结为以物质主义为核心、物质崇拜为导向，而把印度文化简单归结为以精神主义核心、追求精神道德满足为导向。这种简单化概括难免失之偏颇，因为任何一种文化都不是扁平的，而是复杂多元且动态变化的。另外，为了避免造成印度在西方的负面形象，泰戈尔在某种程度上还刻意美化印度形象，回避如实描述印度社会存在的问题。如他在西方演讲中主要传播《奥义书》《薄伽梵歌》等充满大爱的印度文化经典，却对当时印度社会文化中的问题闭口不谈，或刻意弱化，甚至将印度的种姓制度看作维护种族团结、促进种族合作的有效途径，对撒提制度刻意回避，或并不彻底批判。①

一国文学文化在异域的传播，起点是作品的译介，过程是翻译文学在域外的传播、接受和影响，并与传播对象相互冲突、汲取、释放、交汇、适应、融合，最佳结果是融入域外日常生活，成为日用而不自觉的生活方式。但文学文化的异域传播，不论是借助翻译还是通过其他路径，都会涉及不同文学文化范式间的冲撞和协调，文化传播过程中如何看待不同文学文化间的相互关系，是主张"存异"，还是选择"趋同"，是坚持民族文化中心主义，还是主张不同民族文化的共通，至今仍是世界普遍关心的问题。

泰戈尔是东方文学文化世界化的成功典范，他以文学译介为起点，结合社会文化交流活动，使以印度文化为基础的东方文化与西方文化进行了面对面的碰撞，由此导致的东西文化的回响和影响一直对世界文化的和谐交汇产生着经久不息的警示和启迪，始终具有重要的文化象征意义。在新时代中国文学文化"走出去"的大背景下，泰戈尔世界化的历程及经验和成果，无疑给我们提供了很多积极有益的启示。

---

① 《印度，我的母亲》（*Mother India*）（1927）当时在美国极为畅销，被重印20多次。1929年泰戈尔访美，其影响力已经下降，《旧金山报》记者采访泰戈尔，问他是否愿意写类似作品再次赢得西方读者关注，但泰戈尔认为书中内容有丑化印度之嫌，便当面回绝。实际上，《印度，我的母亲》所谈到的正是印度的社会问题，包括撒提、种姓等，但泰戈尔觉得这会造成印度在西方的负面形象，所以才予以拒绝。

"一带一路"传播研究

中国共产党早期对日广播的经验及其启示

张育侨*

摘　要：中国共产党对日广播是中国共产党早期媒体外交的重要组成部分，为中共开展抗日政策宣传和塑造良好的政党形象起到了重要的作用。在抗战时期，中共争取日本和平友好人士利用对日广播进行对敌宣传，有效瓦解了侵华日军的气势，对形成国际统一战线起到了关键作用；解放战争时期中共利用留华日侨发展对日广播，开展民间外交；新中国成立初期及时调整对日广播内容，有效推动了中日民间沟通。新时代对外广播工作要汲取中国共产党早期对外广播的宝贵经验，紧紧围绕党的工作重心和对外关系重点，积极优化外部舆论环境，向国际社会展示全面、立体、真实的中国，讲好中国共产党的故事。

关键词：中国共产党　对日广播　抗日战争

在中国共产党成立百年之际，回顾中共早期对日广播的发展历程，无论是在抗日战争时期借此开展对敌宣传战、争取日本友好人士和国际舆论支持中共国际统一战线的政策，还是在中华人民共和国成立后传播中国共产党对外交往的主张和政策，润物细无声地推动中日关系的健康发展，中国共产党对日广播在塑造中共良好形象方面起到了极其重要的作用。这其中，周恩来、郭沫若、廖承志等中共领导人亲力亲为，在不同时期通过日本友好人士发展对日广播做出了重要贡献。今天，通过重新追溯这段历史，梳理中国共产党对日广播工作的理论及其实践经验，以更好把握对日

---

*　张育侨，大连理工大学东北亚国际发展和合作研究中心讲师，研究方向为跨文化传播。

交流的深层规律，通过不断提升中国共产党对日广播工作来展示党和国家形象、增进中日两国友谊与战略互信，都具有重要的现实意义。

一　抗日战争时期中国共产党对日广播的经验

（一）　争取日本友好人士，利用对日广播分化瓦解侵华日军

抗日战争初期，中国共产党借助国民党的广播设备在国民政府中开展对日广播宣传。在抗日民族统一战线的指导下，国共两党动员一些社会力量开展新闻宣传工作。当时一些中共党员常常受到国民政府的邀请，在国民政府中的"中央广播电台"和国际广播电台中做动员演讲，以鼓舞抗战士气。当时在国民政府中担任军事委员会政治部副部长的中共领袖人物周恩来，也特别重视利用对日广播来进行对敌宣传与争取国际援助。他将国民政府政治部的第三厅组建成为以共产党员为核心的，动员社会各界人士参加的统一战线秘密机构。具体而言，就是动员那些民主的政治势力共同参与抗日工作。经周恩来同志决定，由第七处负责对外宣传，重点是对日开展宣传，由范寿康担任第七处处长，杜国庠担任第七处第一科科长，负责宣传策划与日语翻译，第三科科长冯乃超担任对日文件的起草和协助鹿地亘的"日本人反战大同盟"，[①] 并在国民政府第三厅成立了一个由直接由自己领导的中国共产党秘密支部，成员有郭沫若、田汉、阳翰笙等。

周恩来指派在国民政府文化工作委员会担任主任的中共地下党员郭沫若组建对日广播宣传阵营。经郭沫若的举荐，由日本旅华女诗人绿川英子、日本共产党旅华文学家鹿地亘等组成日本人反战大同盟，利用在重庆的中国国际广播电台，在战区前沿开展了卓有成效的对敌日语广播，震慑和瓦解、动摇了日本侵略者的军心，为夺取抗战胜利发挥了重要作用。

1938 年 6 月，郭沫若帮助绿川英子抵达汉口，随后又举荐她加入国民政府"中央宣传部"国际宣传处对日科做对日广播工作。在汉口和重庆工作的日子里，她以鲜明的立场与饱满的情感进行对日广播宣传，影响了一

---

① 阳翰笙：《第三厅——国统区抗日民族统一战线的一个战斗堡垒》，《新文学史料》1980年第 4 期。

大批在华日军士兵，起到了良好的宣传效果，使日本军界、政界十分惊恐。绿川英子用甜美的声音与感人的话语，打动了那些被日本法西斯利用并派遣到中国充当炮灰的日军下层士兵，揭露了日本军阀的暴行及其丑陋本质，她在广播中强调"破坏东亚和平与世界和平的是日本军阀，我们的敌人不是中国，正是日本军阀，我们现在应该放弃无谓的牺牲，对日本军阀表示反对，参加中国抗战，共同努力争取东亚的真正和平，这才是日本国民的第一要务啊"！①

在广播的过程中，绿川以第一人称展开对广播内容进行主体的再创作，使播音主体所表达的内心话语更加中肯，情感的倾诉更加真诚。绿川英子播报的日军日记、书信内容以及对日本士兵的喊话，传递了日本因战争而民不聊生，日本普通民众向往和平的愿望，这些信息都以广播的形式传递到远在中国战场上的日本士兵中间，动摇了日本士兵的内心，激起了士兵们极大的反战情绪。

绿川英子的另一项重要工作就是利用播送广播节目来揭露日本的虚假宣传。1942年9月中旬，在国民政府对敌科举办的"对敌广播宣传周"中，他们邀请了众多敌情研究专家和日本、韩国反战人士进行对日广播宣传演讲，其中绿川英子用日语播讲了《再谈东条内阁局部改组》《九一八11周年纪念告日本国民》《最近日寇的应战挣扎》《所谓东亚共荣圈的内幕》等。② 这些广播稿旨在向敌占区的日本民众传递战局的真实情况，并揭示日本的欺骗宣传，同时唤醒在华日军与日本民众的和平心理，动摇他们的情绪，最终加快了抗战的胜利。

中国共产党和中国人民对于绿川英子利用对日广播进行援华抗日给予了很高的评价，1941年7月，中共中央军委副主席，国民政府军事委员会政治部副部长周恩来和邓颖超在重庆的一次小型晚会上，赞扬绿川英子："日本军国主义者污蔑你为'娇声卖国贼'，其实你是一位真正的爱国主义者"。绿川英子激动地回答道："我愿做中日两国人民的女儿。"

---

① 龚佩康：《绿色的五月》，生活·读书·新知三联书店，1981，第13页。
② 国民党"中央宣传部"：《中宣部检发有关抗日的宣传广播稿致各台的文书》，中国第二历史档案馆藏，第106页。

中共除了争取绿川英子这样的国际和平人士加入中共早期的对日广播宣传阵营中，在共产国际的统一指挥下，还接受日共的青山和夫、鹿地亘来到中国加入中共的对日广播活动中。[①] 日本侵华战争爆发后，青山在共产国际的指示下，来到国民政府中的国际问题研究所，作为对日工作顾问，负责研究敌情和从事反战活动，并兼任对日广播宣传的工作。鹿地亘作为坚定的日本共产党员，1938 年在郭沫若的推荐下，由上海来到武汉国民政府，领导组成了"日本人反战同盟前线工作队"，奔赴湖北恩施前线开展对日阵地广播，收效甚佳。后来鹿地亘随野坂参三来到延安，在延安同中共人士继续进行广播宣传与反战运动。

（二）以人民电台开展对日广播，争取国际舆论支持

抗日战争进入相持阶段后，中共为了打破国民党对其的宣传封锁，使广大人民群众特别是国统区与沦陷区的亿万同胞能够直接了解当时的战争局势以及中共的政策主张，开始筹备与建立自己的广播电台。

中国共产党成立之初，毛泽东就高度重视党的新闻宣传工作，直接参与或领导党的新闻宣传工作。针对广播宣传，毛泽东 1941 年在对于改进新华社工作的通知中强调，"各地应注意接收延安的广播。重要文章除报纸、刊物上转载外，应作为党内、学校内、机关部队内的讨论与教育资料，并推广收音机，使各地都能接收，以广宣传，是至为重要"。[②]

早在西安事变时，中共就开始认识到广播宣传的重要性，张学良与杨虎城通过广播向全国公布了西安事变的真相与抗日救国的主张。周恩来从那时起注意到了广播的宣传效果。后来中共展开交涉，共产国际决定援助中共一台广播发射机后，开始组建广播委员会，设立广播播放局。周恩来担任广播委员会主任。广播站的建设后由中央军事委员会主管，可以说广播站在设立之初就有着强烈的军事色彩。党中央高度重视对日广播的宣传效果，在抗战后期，伴随着日军在侵华战场上的节节败退，日军士兵的厌

① 青山和夫：《謀略熟練工》，東京：妙義出版社，1957；鹿地亘：《日本兵士の反戦運動》，東京：同成社，1982。
② 《毛泽东新闻工作文选》，新华出版社，1983，第 54 页。

战情绪也逐渐高涨，中共中央认为此时进行有效的政治宣传，会收到良好的效果。中共中央制定了对日军宣传的方针，一是对侵华日军进行宣传，揭露当时日本对于战局的虚假宣传，进一步激起日军的反战情绪以致彻底摧毁其军队；二是向日本国内的普通民众开展宣传，指明日本发动侵华战争的本质，战争的残酷对于日本民众而言有百害而无一利，使日本民众觉醒，看清日本法西斯的真实面目；三是向国际社会宣传日本的侵华行为，争取国际舆论的同情与国际社会的援助，以孤立日本。按照以上方针，中共决定由王稼祥领导筹办对日广播，八路军总政治部敌工部负责组建延安新华广播电台的具体工作。对日广播宣传的主要任务是，"宣传世界反法西斯战争和中国人民抗日战争的胜利，揭露日本侵略者的残暴罪行，介绍我军的对日战俘优待政策等等，以达到日本士兵反战，提升厌战情绪，瓦解敌人斗志的目的"。① 日共领导人野坂参三负责对日广播稿件的撰写，日籍进步人士原清志作为广播员进行播送。中共对日广播的内容主要分为两类，第一类是由新华社、《参考消息》、延安《解放日报》提供的战时新闻和评论，还有国内新闻和国际新闻。第二类是由在华的日本反战人士宣传和平思想并揭露日本法西斯的本质与残暴统治。中共对日广播阵营注重广播的宣传效果、播报内容的叙事方式和对收听者心理的研究，认为"日本的新闻播报习惯阐述事实，如果在对日广播中夹叙夹议，就给人一种不客观的印象"。② 通过对日进行广播宣传，使部分日本士兵了解到日本发动战争的非正义性，认清了日本军国主义的本质，转投到中国军队，协助中国人民进行瓦解敌军气势的宣传并开展一系列抗战活动，在中国与国际上形成了强大的反战浪潮，加快了抗战胜利的进程。

1943 年，延安广播站发射机由于出现故障无法修复，暂时中断了广播，1945 年恢复播音后，用日语宣读了朱德总司令给侵华日军总司令冈村宁次的命令，播出了延安总部就日寇投降问题向各解放区的所有部队发布的命令，以及各路人民武装挺进敌占区收复失地的消息。

---

① 赵玉明：《中国现代广播史料选编》，汕头大学出版社，2007，第 289 页。
② 中国广播电视学会史学研究委员会、北京广播学院新闻传播学院新闻系编《延安（陕北）新华广播电台回忆录新编》，中国广播电视出版社，2000，第 119 页。

延安广播电台打破了国民党反动派和日军的新闻封锁，在国统区与解放区、沦陷区之间架起了一座空中桥梁，延安电台开播后，报道了全国军民，特别是新四军、八路军以及各个抗日革命根据地的英勇杀敌事迹，揭露了日伪的残暴与国际反法西斯斗争取得的胜利，中共延安广播站的报道，使中共的抗战得到了国际舆论的支持，被称为"黑夜里的一盏明灯"。

二 大连解放初期利用日侨开展对日广播奠定中日友好基础

1945 年 8 月 9 日，八路军部队挺进东北，配合苏联红军消灭日伪武装，建立人民政权，先后接收了尚未被日本侵略者蓄意毁坏的日伪广播电台，并将其改建成为人民广播电台。中共所掌控的很多广播站都集中于东北地区，东北地区成为解放战争时期中共开展广播宣传的前沿地区。

1945 年 10 月，中国共产党领导下的大连市政府成立，随后接管了日本统治者创建的原日伪"大连中央放送局"，于 1946 年 1 月改造后开始播音。大连广播电台在创建之初，正值中共中央提出建立东北根据地的关键时刻，因此，大连广播电台在东北新华广播电台开播之前，就担负起重要的对外宣传任务。因其播放功率较大，传播范围远达日本乃至东南亚地区，成为当时宣传中国共产党政策主张的重要电台。

中国共产党领导的人民军队在接收和改造大连地区日伪广播电台的过程中，积极争取原来在日伪广播电台工作的日籍工作人员，对他们开展政治教育，使之为我所用。在 1945 年 12 月中共接收日伪大连放送局之前，中共大连市委和市政府就通过了一系列针对日本侨民的施政纲领。确立"除少数日本战犯和殖民官员以外，争取、教育和团结大多数日籍技术人员和产业工人，让他们发挥一技之长，为人民事业做工作"[①] 的政策，在对原日伪广播站中日籍工作人员的接收和改造过程中，形成"在政治上一视同仁；在生活上尽最大可能给予较优厚待遇；在工作上给他们创造发挥

---

① 白全武：《争取日侨合作 创建人民广播》，载北京广播学院新闻系编选《中国人民广播回忆录》（第 3 集），中国广播电视出版社，1990，第 186～187 页。

技术特长的方便条件"① 的策略，并组织他们经常参加政治学习和业余学校，与中国同志共同学习和生活，② 投身于人民广播事业发展中来。

当时恰逢中共对日工作专家李亚农同志在大连工作，大连广播电台请他来指导怎样做好留华日籍工作人员的工作，李亚农同志要求大连广播电台注重做好日籍工作人员的思想工作，要防止过左和过右的倾向，他每日与日籍工作人员进行个别谈话，效果明显。技术科的藤原利喜本来很反动，煽动其他人员怠工，与中方闹对立。李亚农同志找他谈话，又亲自到他家慰问其夫人，给他们解决思想上和生活上的各种问题。藤原终于被感动了。后来藤原带领日籍技术人员举办技术训练班，给新招聘的中国技术人员上广播技术课，通过师傅带徒弟的办法，进行传、帮、带，使他们很快掌握了技术，提高了业务水平，1955 年日本技术人员陆续回国后，中国技术人员便接替了全部广播技术工作。这些技术人员，后来都成为广播系统的骨干力量。③ 到 1946 年 1 月，中国共产党所领导的大连广播电台开播时，全台 50 多名工作人员中，日本人占比 60% 以上。④

1946 年至 1948 年下半年，为了有效团结、教育、救济日俘和日侨，根据李亚农同志的建议，大连广播电台专门为大连的日本侨民开设了《日语时间》，对他们进行时事政治教育，对帮助他们了解中国共产党的政策、稳定思想、遵纪守法和参加恢复生产建设等起到了良好作用。整个节目由精通日语的新闻科科长白全武全面负责，由留用的日本人麻生练太郎做编辑，女播音员由原田和斋藤担任，节目播出后，不仅日侨喜欢收听，在日本也收获了不少听众。

1955 年，大连广播电台的留用日籍员工都陆续回国。回国时，留用日籍工作人员痛哭流涕，与他们朝夕相处的中国同志握手告别，依依不舍，他们和中国同事结下了深厚友谊。周恩来在 1956 年 6 月接见日本访华代表

---

① 刘占和：《和日本朋友相处的日子》，载北京广播学院新闻系编选《中国人民广播回忆录》（第 4 集），中国广播电视出版社，1995，第 179 页。
② 大山哲夫：《难忘的岁月》，载北京广播学院新闻系编选《中国人民广播回忆录》（第 4 集），中国广播电视出版社，1995，第 187 页。
③ 大连市地方志编纂委员会办公室：《大连市志·广播电视志》，大连出版社，1996，第 38 页。
④ 白全武：《争取日侨合作　创建人民广播》，载北京广播学院新闻系编选《中国人民广播回忆录》（第 3 集），中国广播电视出版社，1990，第 186～187 页。

团时指出："我们很感激一部分日本人，他们在解放战争时期，作为医生、护士、技术员参加了解放战争，这些更增强了我们与日本人民缔结友好关系的信心。日本的军国主义确实是残酷的，但是协助我们的日本人民有很多"。①

1946 年以后，为了向残留在东北的日本人以及日本进行宣传，中共还在东北各地陆续开始了对日广播宣传。东北新华广播站在 1948 年 7 月开始了广播。广播的制作由日本人提供帮助，八木宽担任编辑②，小松次郎、儿玉洋子等担任播音员。日本战败后，八木宽在中共东北局的领导下，参加了东北新华广播对日广播的创建工作。在此期间，八木为了向生活在伪满洲国的日本人介绍中国的实际情况，还将毛泽东的《在延安文艺座谈会上的讲话》翻译成日语，并在沈阳发行的《民主新闻》上发表。由此，八木成为最先翻译并发表毛泽东著作的日本人。在当时对日广播播出后反响热烈，尤其是日本青年对中国产生很大好感，为中日关系的建立和发展做了大量工作。

三 提高对日广播传播效果，争取
更大多数的日本听众

1949 年 3 月 25 日，中国人民解放军进入北平，接收了国民党的广播站，在中央广播事业管理处下，成立了北平新华广播电台。在这一时期，廖承志担任了中央广播事业管理处处长以及北平新华广播电台的台长。③一直从事对日工作的廖承志，为新中国的对日广播事业组建做了大量工作，廖承志首先找到了台湾共产党员吴泰克担任日语组的组长，王艾英担任对日广播唯一的播音员，同时将曾经在延安新华广播站担任日语编辑与翻译，现在负责广播站人事工作的张纪明请来帮忙，这样由"两个半"人

---

① 中国人民解放军第四野战军战史编委会：《中国人民解放军第四野战军战史》，解放军出版社，1998，第 141 页。
② 八木宽在满洲电影协会负责撰写剧本，协会于 1945 年 10 月被中共接收后，变为东北电影制片厂，八木宽在此工作至 1948 年 8 月，后调入东北广播局，负责日语广播的播送工作。
③ 赵玉明：《中国解放区广播史》，中国广播电视出版社，1992，第 45 页。

组成的对日广播组就开始工作了。廖承志全面负责播放稿件的校对工作。

北平新华广播电台首次播放日语广播节目是在 1949 年 6 月 20 日，最开始播放时间为早 5 点起播放十分钟和晚 7 点起播放 30 分钟，一天播放两次。后来时间不断延长至一天播 1 个小时，到 1955 年时，每天播放的时间达到 6 个小时。① 人员也有所扩充，有了两名播音员，两名翻译以及一名日籍工作人员八木宽。日语组还要负责收集其他国家的日语广播所播放的信息，例如 NHK、莫斯科放送、VOA 等，以把握国际形势与一些国家的政治立场，将其翻译后报送给相关部门。② 同年 10 月 1 日，中华人民共和国成立，中央广播事业管理处升格为中央广播事业管理局，北平新华广播电台也成为中央人民广播电台。

1956 年，刘少奇提出，为了使世界各国人民正确了解中国，应提高对外广播的播送能力，使用能够发送最强电波的设备来开展国际广播工作。刘少奇也提出对外广播与对内广播由于其听众的不同，在制作广播节目时应注意内外有别，同时要提高从事对外广播的人员素质，可以聘请外国的专家指导和从事对外广播工作。当时，在《人民中国》《北京周报》《人民画报》以及新华社中负责翻译马列著作与毛泽东著作中的很多人都是战后留在中国的日本人，他们后来也作为专家加入了对日广播宣传队伍。

1960 年 8 月，负责对日交流的廖承志提出对日广播存在"左"倾的问题，他要求对日广播要符合广泛收听者的要求。对日广播的调整是从 1961 年开始的，当年 12 月，国务院外事办公室向北京放送对日广播组传达了周恩来同志关于对外广播的改进意见。在此之前，周恩来接见日本共产党机关杂志《赤旗》代表团时，向他们询问了关于对日广播的看法。代表团表示当前的对日广播内容生硬，特别是受到"左"倾错误思想的影响。周恩来要求对日广播的播放内容应该符合当前日本的现状，争取到大多数的日本听众收听，不仅要制作争取日本左翼势力的节目，还要争取中间势力接受的广播节目，为此要做出大量的调查研究。③ 周恩来与廖承志针对对日

---

① 赵玉明：《中国广播电视通史》，中国广播影视出版社，2014，第 18 页。
② NHK 总合放送文化研究所放送事情调查部：《中国の放送》（资料），1974，第 56 页。
③ 李顺然：《周恩来总理对日语广播的关怀与指导》，载《声音传遍全世界：中央国际广播电台的故事》，中国广播电视出版社，2000，第 24 页。

广播提出的争取中间势力，是希望中共的对外宣传可以从"左"倾回归到正常的轨道上来，制作更符合听众需求的广播节目，从而增加更多的听众。

对日广播组在听取了周恩来与廖承志的改进意见后，开始针对日本听众的喜好展开调查，总结听众的喜好以及收听方式，开始尝试具有现场感的录音报道以及适合节目内容的背景音乐，同时根据听众的要求增加了广播剧以及朗读小说的时间。对日广播组还举办了面向日本的题为"友好的邻邦——中国"的作文大赛，与听众进一步开展交流。这次作文大赛从日本收集到300多篇稿件，对日广播组所采取的一系列改进措施获得了成功。

四　中国共产党对日广播的当代启示

中国共产党对日广播作为中共早期媒体外交的重要组成部分，丰富了媒体外交的实践，在艰苦卓绝中前进，在守正创新中发展。当前，中国面临复杂而严峻的外部舆论环境，中国共产党对外广播的任务更加艰巨，需要从对外广播的发展历史中汲取宝贵经验，推进新时代中国共产党对外宣传工作。

1. 对外广播必须围绕党的中心工作，为现实需要服务，展示真实立体全面的中国

在每个历史阶段，中国共产党都有着明确的方向和奋斗目标。广播宣传的主要任务就是以党在这个阶段的奋斗目标为中心开展工作，务必围绕党的中心工作，为现实需要服务，这是做好广播宣传事业的重要保障。广播宣传只有以党的中心工作为重心，为现实需要服务，才能明确思路，同心同德，万众一心，凝聚成巨大的力量。实践证明，紧紧围绕党的中心工作，为现实需要服务，这是中国共产党对日广播宣传工作获得成功的重要保证，也是当前中国共产党广播事业蓬勃发展的保障。

新时代的对外广播要充分利用好这个现代媒介，以多种手段、多种方式，更加充分、更加鲜明地展现中国故事及其背后的思想力量和精神力量。要加强对中国共产党的宣传阐释，帮助国外听众认识到中国共产党是真正为中国人民谋幸福的政党，了解中国共产党为什么能、马克思主义为什么行、中国特色社会主义为什么好。

2. 充分利用外国友好人士推动对外广播宣传

新时代中国共产党的对外广播工作也需要做好人的工作，特别是做好外国记者、外国籍播音员的工作。在对日广播的创建过程中，周恩来就非常重视利用日本友好人士来编辑和播报日语广播，更好地向国内外人士说明中共的立场，把真实的中国和中国共产党展现给国际社会。针对外国媒体对华的丑化与抹黑，中国共产党更需要通过在对日广播战线上培养一批友好的外国人士，使他们成为中共的朋友与知华、友华的中坚力量，鼓励他们向日本听众乃至全世界听众塑造中国共产党以及中国的良好形象，使中国共产党的对外广播内容更加深入地融入目标国家的民众中，不断积累和扩大中国共产党的"朋友圈"和"媒体圈"。

3. 内宣与外宣辩证统一，以收听者的视角有效推动对外广播的传播效果

内宣与外宣既有区别也有联系。二者最大的不同在于，宣传所处的环境完全相异。外宣的主体与客体处于不同的国家、民族、文化语境中，因此，它的作用机理包括对象、方式、内容等与主客体处于同一语境中的内宣有明显区别。但是，二者的主体和目的基本一致，即都是中国共产党旨在取得民众（不论是国内还是国外）的理解和认同，这是二者内在统一的根本点，只不过由于实现程度的不同而有所区别。

当前我国的对外广播工作要汲取新中国成立初期对外宣传工作的经验教训，以外国收听者的视角来制作和播报节目，在大力培养专业对外广播人才，提高对外广播业务水平的同时，要从全局把握整个播报话语体系，构建具有中国特色、中国风格的对外广播话语体系，使我国的对外广播水平达到新的高度，成为世界一流的对外广播标杆。

跨文化传播研究

东亚视域下日本飞鸟时代的年号制

——兼论《唐历》佚文的日本国号[*]

姚晶晶[**]

摘　要： 中国古代年号制度源远流长，对日本文化产生了极其重要的影响。日本列岛的统治者从 7 世纪中叶开始效仿中国使用年号，作为特殊的文化符号沿用至今。本文从古代东亚国际体系的视角回溯中国年号制的成立及东传，主要采用文史结合的方法，阐述飞鸟时代前期年号制的接受以及天皇年号制的形成。

关键词： 飞鸟时代　年号制　天皇　国号　日本

序　言

中华文明历史悠久，源远流长，留下了丰富多彩且璀璨夺目的优秀文化遗产，具有深远的历史意义和文化影响。自古以来，东亚地区各国的文明多受中华文明的影响，中国、朝鲜、日本、越南、琉球诸国等共同构成了东亚汉文化圈。邻国日本在古代积极学习和吸收中国优秀传统文化，保存了不少中国文史典籍及佚书记载，甚至围绕相关文本创作了很多日本汉籍。在古代东亚视域下，日本飞鸟时代（约 592 - 710 年）深受我国制度文化的影响，其中年号制度保留至今，成为当今全球唯一一个使用年号的

* 本文系 2019 年度教育部人文社会科学研究青年基金项目"日本汉文写本中《唐历》佚文的发掘与整理研究"（项目编号 19YJC770057）阶段性成果，2018 年度江苏哲学社会科学研究基金项目"比较文学视野下《唐历》在日本的传播研究"（项目批准号 2018SJA1204）成果。

** 姚晶晶，南通大学外国语学院讲师。

国家。本文试图以古代东亚体系的视角，在前辈学者相关研究基础上，结合日本飞鸟时代背景追溯和阐释年号制、称号"天皇"与国号"日本"三者正式确立的过程。

一　年号制度溯源

年号，亦称元号，是在中华文化圈影响下的东亚儒教文化圈中诸国使用的独特历史纪年法。具体而言，年号是我国古代王朝统治者为记录其在位之年而立的名号（亦可表示年份），也是历代帝王纪年名号的时代标志。我国历史上采用干支纪年，在用年号纪年之前，纪年是用帝王、诸侯即位的年次来记事，只有年数而无年号。

我国在商代之前，无纪年法，亦无纪年。[①] 殷商时期，不记年数，甚至于甲骨卜辞中只见纪时，不见纪年。西周时采取以君王在位年数为序的王位纪年法，即史书以帝王的年次纪年，与帝号王位合称的"帝号纪年"或"王位纪年"之法一直沿用至汉代。先秦至汉初无年号，汉武帝即位后首创年号，《资治通鉴·汉纪·武帝》建元元年（公元前140年）注中记载，[②] 为"建元"，逢六年追命年号为"元光""元朔""元狩""元鼎"，直到元封元年（公元前110年）汉武帝泰山封禅，有诏改元为"元封"[③]。太初元年（公元前104年）[④]，汉武帝改元"太初"，宣布改正朔、易服色、定官名等。此后，年号是我国封建社会帝王统治时期纪年名称，皇帝在位期间更换年号，史称"改元"。

年号是时代的标志，由皇帝生前取定，不同于庙号和谥号是后人给予。谥号，是封建帝王、贵族、大臣等死后，由后人依据其生前业绩评定

---

① 郑慧生：《关于中国的王位纪年》，《华侨大学学报》（哲学社会科学版）1998年第2期，第104页。

② "自古帝王未有年号，始起于此。贡父曰：《封禅书》云：'其后三年，有司言：元宜以天瑞命，不宜以一二数推。'所谓'其后三年'者，盖尽元狩六年至元鼎三年也。然元鼎四年方得宝鼎，又无缘先三年称之。以此而言，自元鼎以前之年，皆有司所追命；其实年号之起在元鼎，故元封改元则始有诏书也。"参见《资治通鉴》，中华书局，2019，第555页。

③ "应劭曰：始封泰山，故改元。"同上，第685页。

④ "应劭曰：初用夏正，以正月为岁首，故改元为太初。"同上，第706页。

褒贬给予的称号。我国历史上除秦朝以外，其他朝代的皇帝一般都有谥号。庙号是帝王死后在宗庙祭祀时由继承者与大臣共同商议拟定的名号。夏、（殷）商两代的王，习惯上以庙号相称。庙号并非所有帝王都有，唐朝以前皇帝的庙号一般称某王或某帝。唐朝以后，皇帝一般都有庙号，而且各朝代的第一个皇帝称某祖，第二个皇帝称某宗。唐代年号制度已经相当完备，无论是律令政治还是礼制历法都是当时整个东亚效仿的榜样。

二　年号制度东传

年号不仅在我国传统文化中存在了 2000 多年，而且还辐射到整个东亚汉文化圈，特别是邻国日本。中日两国自古以来就有着广泛而密切的联系。日本与我国的交往可追溯到西周时期，曾在《山海经》《论衡》等书中有所记载。正史记载最早出现于《汉书·地理志》，尽管当时魏晋南北朝时期战乱迭起，但日本列岛与我国历代王朝的交往情况仍可以通过我国正史记述有据可循。隋唐时期，中日两国之间的文化交流达到了鼎盛期，彼时东北亚格局风云变幻。由"倭"到"日本"的国号转变虽从未动摇过我国古代王朝在东亚汉文化圈的中心地位，日本却借此在古代东北亚格局中逐渐占据一席之地。日本飞鸟时代天皇年号的使用也是其模仿中国隋唐政治制度的表现。

（一）隋唐以前东亚格局中的倭国

中国作为统一的王朝构建国际关系始于秦汉，由于秦末汉初民生凋敝，汉武帝时代才是国际关系体系成型的重要时期，目标是确定中原王朝的中心领导地位，建立我国与周边各国的尊卑秩序和君臣关系。例如，汉武帝时期通过双方的军事较量，实现了汉王朝同匈奴的君臣关系。实际上，在我国古代王朝建立国际体系时，并不是依靠军事手段，而是在国家强盛实力的基础上，通过文化与制度传播影响，让周边国家在同我国交往中获益而被吸引并融入，尤以古代东亚各国为代表。

日本学者西岛定生曾指出，古代东亚存在一个以中国王朝为中心的册封体制。诚然，东亚国际关系格局的长久安定所依附的是强大的国家实力包括军事、经济的实力和先进制度的文化吸引力。在古代东亚国际关系的格局下，我国古代中原王朝凭借文化优势，通过册封来确立我国古代王朝在具有律令制度权威的东亚国际体系中的领导者地位。以我国古代历代王朝与日本列岛的册封关系为例。《后汉书·东夷列传》明确记载"建武中元二年（57年），倭奴国奉贡朝贺，使人自称大夫，倭国之极南界也。光武赐以印绶。"日本天明四年（1784年），九州岛北部博德湾志贺岛（今日本福冈县内）出土"汉委奴国王"（委通"倭"）赤金方印，蛇钮，高约2.2厘米，边长2.3厘米，重108.7克，现藏于日本福冈市博物馆内。由此吉光片羽进一步证明了中日两国交往的因缘，表明我国汉王朝接受东亚各国的朝贡臣服。另有《三国志》卷三十《魏书·乌丸鲜卑东夷传》记载魏明帝曾封邪马台国王卑弥呼。[①]

西晋内乱和五胡乱华后，中国南北陷入长期战乱，北方和南方先后建立多个政权。我国学者韩升认为，南北朝时期中国对周边国家仍然沿用册封体系：北方政权以相对强大的军事力量，对周边国家产生影响；南朝凭借政治正统性和先进文化优势，对周边国家产生了不同程度的影响。以倭国为例，册封的封号逐渐军事化，虽不具备控制全局的实力和威望，但是形式重于实质，也非全然没有意义。东亚国际体系的重建在隋唐帝国统一中国之后完成。[②]隋朝国祚短促，上承魏晋南北朝，下启唐朝大一统。当时周边国家如高句丽、新罗、百济与倭（国）等皆受隋唐典章制度与文化的影响。

（二）飞鸟时代年号制的传入

中国是世界上最早使用帝王年号纪年的国家，倭国年号制的开始自然也借鉴中国。推古朝（592-628年）时，倭国朝廷由圣德太子（574-622年）摄政，大力推广佛教，兴建寺院，派遣隋使引进中国先进文化制度，进行政治改革，初步确立了统一的中央集权，制定了"冠位十二阶"和

---

①　"今以汝为亲魏倭王，假金印紫绶，装封付带方太守假授汝。"见（晋）陈寿《三国志》，时代文艺出版社，2011，第190页。

②　韩升：《中国古代的外交实践及其基本原则》，《学术研究》2008年第8期。

"十七条宪法"等，迎来了文化繁荣的飞鸟时代。飞鸟时代因大量引进外来文化，对日本的社会、政治、文化、艺术等都产生了变革性影响，日本艺术史多以"大化改新"为界，划分为狭义的飞鸟时代（592 年–大化改新前）和白凤时代（大化改新后–710 年）。① 本文中的飞鸟时代设定划分为公元 592–710 年，"大化改新"是日本（当时国号为"倭"）遣隋使、初期遣唐使吸收隋唐先进制度后的政治革新。公元 645 年，以中大兄皇子（626–672 年，后来的天智天皇）及中臣镰足等革新派通过宫廷政变（史称"乙巳之变"）成功拥立孝德天皇（596–654 年）即位，仿效我国历法定年号为"大化"，正式引入并开始使用年号。

孝德天皇在改革中引入中国年号制度，从某种意义上说，飞鸟时代的日本年号自使用之初便具备了政治色彩，年号不仅是纪年的文化历史符号，也寄寓着统治者的政治理想。"大化"年号在我国传统文化典籍的出处颇多，如《尚书·大诰》有"肆予大化诱我友邦君"；《周易·系辞》有"大化流衍，生生不息"；《汉书·董仲舒传》有"古者修教训之官，务以德善化民，民已大化之后，天下常亡一人之狱矣"。《尚书》和《汉书》中的"大化"分别指君主对内和对外的教化职能，表现了中国传统儒家思想对君主职能的认识，即君主既是国家最高的统治者，又是万民伟大的教化者。一方面，孝德天皇通晓中国典籍使用"大化"年号，既表现出对我国儒家传统政治思想的认同，又表达了通过先进外来文明教化民族思想而达到生生不息的理想目标。② 另一方面，这也折射出中国传统文化对日本天皇的年号制定有着重要影响。

然而，不同于使用的第一个"公年号"——大化，③ 此前或以后日本国内一些金石文献上曾有某些僧人及其他人员等制定的年号，通常称为"私年号"或"逸年号"。所谓"私年号"，顾名思义与朝廷正式制定的公年号相对，又称"异年号"或"伪年号"，多由民间地方豪族和神社、寺院私自使用，多在一些碑文或铭文中出现，严格来说主要指日本中世时期

---

① 赵春辉：《刍议日本飞鸟时代对外来文化的汲取》，《长春理工大学学报》2012 年第 7 期。
② 李寅生：《略论中国传统文化典籍对日本天皇年号的影响》，《日本研究》2001 年第 2 期。
③ 谢秦：《日本的年号改元与中国古典汉籍考——以院政期贵族日记中的改元审议为例》，《日语学习与研究》2008 年第 3 期。

地方民间使用的年号。"逸年号"是指非正式使用的年号，相关记载主要残存于古社寺的金石文和年代记中。由于"私年号"和"逸年号"都起源于寺院，且在金石铭刻文字中有所保留，所以大化改新前后出现的逸年号也常被称作"私年号"，例如相传非正式使用过的"法兴"年号与"白凤"年号。[1] 日本国内现存的成书于和铜五年（712年）的《古事记》和养老四年（720年）的《日本书纪》记载中全然不见"法兴"年号与"白凤"年号，而且飞鸟时代使用年号自"大化"开始时有时无，如天智天皇治世没有年号。直到文武天皇（683－707年）庚子年（700年）任命遣新罗大使、敕命撰定律令，翌年建元"大宝元年（701年）"之后确立定制，历代天皇继位制定年号制度沿袭至今。

（三）"天皇"年号制的确立

飞鸟时代年号制度的正式使用及确立发展伴随着由"倭"国号到"日本"国号的转变，以及由"王""大王"到"天皇"的称制变化。根据近年来出土的金石文献和木简等分析，一般认为日本国号及天皇制的使用始于天智朝（摄政661－668年，在位668－672年）至天武朝（673－686年）时期。在前面论及古代东亚格局时提到，我国古代王朝册封日本列岛上的实权统治者称"王"，在稻荷山古坟（今日本埼玉县内）出土的铁剑铭与江田船山古坟（今日本熊本县内）出土的铁刀铭上均有"大王"字样。唯其如此，5、6世纪的倭国统治者逐渐统一了日本列岛，自称"大王"，当时实际控制范围东起关东（今指日本东京都、神奈川县、埼玉县、千叶县、茨城县、群马县和栃木县），西至九州岛（今日本熊本县等），之后转而使用"天皇"称号应当不会早于7世纪前半叶。

学界对于"天皇"称号起源多持两种看法，即推古朝说和天武、持统（称制686－689年，在位680－697年）朝说。第一种观点，推古朝说的直接证据为"天寿国曼荼罗绣帐"（飞鸟时代，日本最早的佛画之一）铭文和法隆寺金堂药师如来像光背铭的文字里有"天皇"用语，于是推古天皇是最早使用"天皇"称号的君主，被认为是日本史上第一位女性天皇。

---

[1] 邹晓翔：《"法兴"私年号的由来与"白凤"年号之谜》，《现代日本经济》1990年第2期。

然而，圣德太子于 607 年兴建的法隆寺后因大火被毁，其中遗留的绣帐图断片和佛像等铭文的制作时间存疑，所以学界较倾向于天武、持统朝法隆寺重建时期。① 更重要的是，1998 年在日本奈良飞鸟京苑池遗迹考古时发现书写了"天皇"字样的木简，连同其他出土木简一起被认为是迄今为止发现的关于"天皇"称号最早的史料，且推定为天武朝时期。② 因此，笔者赞同第二种观点，日本天皇制始于天武、持统朝。

日本飞鸟时代以前天皇的生平事迹多语焉不详，早期内容包含神话传说甚至荒诞不经。根据史籍记载，日本历代天皇没有异姓，其皇室家族被称为"万世一系"，而天皇无姓氏，只有名讳，死后追有谥号。日本飞鸟时代天皇的汉风谥号以及此前历代天皇谥号都是由奈良时代后期的淡海三船奉敕进上。日本天皇年号制的使用及确立主要是受到隋唐制度影响，中国唐朝时使用过天皇的称号。史载唐高宗咸亨四年（674 年）秋追尊先祖，自称"天皇"，皇后（武则天）称"天后"，改元年号"上元"。③ 从时间上来看，唐高宗统治时期的"天皇"称号东传与天武、持统朝始用"天皇"称号并不冲突。

飞鸟时代前期的倭国深受隋唐制度文化熏陶，积极效仿隋唐建设律令国家，然而其学习、消化和吸收需要一定的时间积淀，如同年号制度传入、使用和确立的过程一般，"天皇"称号出现在天武朝，法制化于文武朝（697－707 年）"大宝令"（又称"大宝律令"）。由此可知，飞鸟时代的天皇年号制在大化改新后历经孝德、天智和弘文天皇④（大友皇子，

① 高明士：《"日本"国号与"天皇"制什么时候出现》，《郑州大学学报》（哲学社会科学版）2013 年第 6 期。
② 〔日〕熊谷公男：《大王から天皇へ》（章前图），讲谈社，2001。
③ "秋，八月，壬辰，追尊宣简公为宣皇帝，妣张氏为宣庄皇后；懿王为光皇帝，妣贾氏为光懿皇后；太武皇帝为神尧皇帝，太穆皇后为太穆省皇后；文皇帝为太宗文武圣皇帝，文德皇后为文德圣皇后。皇帝称天皇，皇后称天后，以避先帝、先后之称。改元，赦天下。"参见（宋）司马光《资治通鉴》，中华书局，2019，第 6487 页。
④ 弘文天皇为日本第 39 代天皇，又称大友皇子、伊贺皇子，是天智天皇的长子，于天智天皇病故后控制近江京与其叔父大海人皇子（后来的天武天皇）争夺皇位，史称"壬申之乱"（天武天皇元年，672 年），最终落败，自缢而亡。大友皇子的天皇身份除了在平安时代部分文献如《西宫记》《扶桑略记》和《年中行事秘抄》等记载中提及"即帝位"，实际上一直不被正式承认，直到明治三年（1870 年）被明治天皇追谥为"弘文天皇"。

648－672年）时期过渡，再到天武、持统朝有所强化，直至文武朝正式确立，进一步发展至奈良时代日臻完备。笔者认为在古代东亚国际格局下，日本天皇年号制的使用及确立与其国号变化也有着紧密关联。

三　从倭国到日本国号的嬗变与日本古典文献中的《唐历》佚文

诚如前述，在古代中国的册封体制下，周边国家的统治者作为中国皇帝的臣下得到册封以示正统，如史书记载日本列岛的实权统治者也不例外。日本正史关于隋朝交往的最初记载为《日本书纪》卷廿二推古天皇十五年（607年）七月条，"小野臣妹子遣于大唐，以鞍作福利为通事。"推古天皇十六年（608年）八月条，"大唐之国信物置于庭中。时使主裴世清亲持书，两度再拜，言上使旨而立之"。由于《日本书纪》成书于8世纪，正值我国盛唐时期，日本习惯上将"隋"称为"唐"，这两则记事中的"大唐"应当为"大隋"。事实上，我国史书记载，隋文帝时倭国已遣使来贺，这次倭国来访和隋朝派遣裴世清出使回访的经过等在《隋书》卷八十一《东夷·倭国》中有详细记载，不再赘述。另外，成书于12世纪中叶的朝鲜史籍《三国史记》卷第二十七《百济本纪第五》武王九年（608年）三月条："隋文林郎奉使倭国，经我国南路"。综合各国史籍记载可知，隋倭交往时取道朝鲜半岛的百济确有其事，在7世纪初的东亚国际格局中，倭国还没有改称国号为"日本"，至少隋唐王朝初期的统治者们并不承认国号"日本"，同时唐朝官修史籍中也不见称呼其统治者为"天皇"。

我国不仅曾有年号制度，还有悠久的史书编纂传统，辐射至古代东亚，影响深远。唐朝初期成立了专门的史馆负责官修史书等，更是云集了一大批优秀的史学家，几乎被后世遗忘的一名史官柳芳也名列其中。[①] 唐代柳芳历经玄宗、肃宗和代宗三朝，参与了唐朝国史编修，因"安史之

---

①　张荣芳：《唐代的史馆与史官》，私立东吴大学中国学术著作奖助委员会，1984，第144页。

乱"牵连流放后获赦,虽担任史官却因不满所呈国史而私撰《唐历》。从某种意义上看,《唐历》是记载国家政事的编年体史书,即"每件国家政事的事实记载附于年代之后"①,其史料价值并不逊色于官修正史。那么,唐朝时期中日两国使节的官方交流也会在《唐历》中有所记载。《唐历》虽然于宋元之际已散佚,但是早在唐代便已东传。在日本文献古写本或抄本《日本书纪私记》《释日本纪》中尚存《唐历》佚文可供探讨分析,现将其中涉及国号日本记事的部分内容摘录如下(引文中标点符号为笔者加注)。

首先是《日本书纪私记》(丁本)零本卷开题述义中的有关记录。②

(1) 问:"考读此书将以何书备其调度乎?"

师说:"《先代旧事本纪》、《上宫记》、《古事记》、《大倭本纪》、《假名日本纪》等是也。"

此时,参议纪淑光朝臣问曰:"号'倭国',云'日本',其意如何。又自何代始有此号乎?"

尚复答云:"上代皆称'倭国','倭奴国'也。至于《唐历》,始见'日本'之号。发题之始,师说如此。"

(后略)

由于《日本书纪》除了歌谣部分外全用纯汉文记述,对日本人来说晦涩难懂。因此养老五年(721年)开始在宫中开设讲座,朝廷数度邀请博士为皇室贵族讲解书纪,从开讲到终讲通常经年累月,《日本书纪私记》便是博士们的讲义内容积累。③《日本书纪私记》作为《日本书纪》的讲解注释,是平安时期文献,尚存甲、乙、丙、丁本残卷收录在《新订增补国史大系》中。日本学者井上亘曾在《日本书纪私记》中提及"纪淑光"

① 〔英〕杜希德:《唐代官修史籍考》,黄宝华译,上海古籍出版社,2010,第52页。

② 〔日〕黑板胜美:《新订增补国史大系 第八卷·日本书纪私记》,吉川弘文馆,1965,第190~191页。

③ 《日本书纪私记》是奈良至平安时代前期注释《日本书纪》的博士讲义私记,以《养老五年私记》(721年)、《弘仁四年私记》(813年)、《承和六年私记》(839年)、《元庆二年私记》(878年)、《延喜六年私记》(906年)、《承平六年私记》(936年)、《康保四年私记》(967年)等闻名,可惜善本均已散佚失传,仅存少量残卷或逸文。

于承平四年（934 年）成为参议，天庆二年（939 年）时任参议宫内卿去世，应当是承平六年（936 年）的讲稿。① "参议纪淑光朝臣" 询问国号 "倭国"，又称 "日本"，源自何时？他得到 "尚复"（助教）回答 "上代皆称'倭国'，'倭奴国'也。至于《唐历》，始见'日本'之号"。由此联系前文所述相关史籍记载可知，飞鸟时代前期，倭国遣使朝贡，谋求在东亚格局中取得正式席位却没有得到隋唐王朝官方认可。倭国经过大化改新的准备，以及遣隋使带来的先进制度文化，再加上遣唐使的学习和白江口战役失败的教训，效仿唐朝制定律令国家的目标并付诸实践，与此同时改国号为 "日本"，在这一系列过程中，其由国内到东亚国际格局中正式登场，使节任命、建元大宝、始依新令、改制官名位号等也同时发生。

接下来是《释日本纪》卷第一（开题）② 中的相关记录。

（2）问："号'日本'滥觞，见大唐何时书哉？"

答："元庆说不详。《公望私记》曰，大宝二年壬寅，当唐则天皇后长安二年。《续日本纪》云，此岁正四位上民部卿粟田朝臣真人为遣唐持节使。《唐历》云，此岁，日本国遣使其大臣朝臣真人贡方物，日本国者，倭国之别名也，朝臣真人者，犹中国地官尚书也，颇读经史，容止温雅，朝廷异之，拜司膳员外郎云云。大唐称'日本'之滥觞见于此。"（后略）

镰仓时代的卜部兼方（又称 "怀贤"，生卒年不详）秉承家学，曾出任神祇官，是日本中世时期古典研究的代表学者。从现日本东京尊经阁文库保存的正安三年（1301 年）的古写本可知，13 世纪末 14 世纪初，卜部兼文参考《日本书纪私记》《风土记》《先代旧事本纪》等大量史料注释了《日本书纪》，经 20 余年完成《释日本纪》二十八卷的著述。卜部兼方的《释日本纪》不仅继承了其父亲卜部兼文进呈给关白一条实经（1223 –

---

① 〔日〕井上亘：《"日本"国号的成立》，载王勇主编《东亚文化的传承与扬弃》，中国书籍出版社，2011，第 142 页。

② 〔日〕黑板胜美编《新订增补国史大系·（卜部兼方）释日本纪》，吉川弘文馆，1965，第 9 页。

1284 年）的《日本书纪》讲义材料，而且参照了很多奈良、平安时期散佚的古文书等，由开题、注音、乱脱、帝王系图、述义、秘训、和歌七个部分组成，是在前人讲义基础上阐述自己意见的书物，是奈良时代以来研究《日本书纪》的集大成者，具有很高的学术价值。

在《释日本纪》卷一的开题中直接记述了"号'日本'滥觞，见大唐何时书哉"，明确得到"大唐称'日本'之滥觞见于此"。其间，回答中提到"元庆说不详"，"《公望私记》"和"《续日本纪》"均是日本汉籍，唯有《唐历》为来自"大唐"的书籍。《（延喜）公望私记》是延喜四年（904 年）讲读《日本书纪》的笔记材料，矢田部公望（生卒年不详）曾作为助教参与。他是日本平安时代中期的官员兼学者，官位从五位下，后来又以文章博士的身份担任承平六年时《日本书纪》的讲师。由引文中的日本记事可知，"《公望私记》曰，大宝二年壬寅，当唐则天皇后长安二年"对应其后"《续日本纪》云，此岁"，"大宝二年"和"《唐历》云，此岁"即"长安二年"。《续日本纪》卷第二记载文武天皇大宝元年春正月丁酉"以守民部尚书直大贰粟田朝臣真人为遣唐持节使"。《唐历》载"日本国遣使其大臣朝臣真人贡方物，日本国者，倭国之别名也，朝臣真人者，犹中国地官尚书也，颇读经史，容止温雅，朝廷异之，拜司膳员外郎"的记述与前文呼应，日本人认为改称国号"日本"首次出现的唐朝书籍是史书《唐历》。

另据，《续日本纪》卷第三文武天皇庆云元年（704 年）秋七月甲申朔条。[①]

（3）正四位下粟田朝臣真人自唐国至。初至唐时，有人来问曰："何处使人？"答曰："日本国使。"我使反问曰："此是何州界？"答曰："是大周楚州盐城县界也。"更问："先是'大唐'，今称'大周'，国号缘何改称？"答曰："永淳二年（683），天皇太帝崩，皇太后登位，称号'圣神皇帝'，国号'大周'。"问答略了，唐人谓我使曰："亟闻海东有'大倭国'，谓之君子国。人民丰乐，礼义敦行。今

---

① 〔日〕黑板胜美编《新订增补国史大系·续日本纪》，吉川弘文馆，1971，第 32～33 页。

看使人，仪容大净，岂不信乎！"语毕而去。

此引文中的"粟田朝臣真人自唐国至"即《唐历》佚文记载"日本国遣使其大臣朝臣真人贡方物"后自唐（周）回国。大宝年间的使团刚抵达唐时，被人问及"何处使人"，其回答"日本国使"，不是自称倭国使节。使团人反问当地人州界何处时，得到的回答是"大周楚州盐城县界"。于是又问到先前称"大唐"，如今称"大周"，改国号的缘由为何？"永淳"是唐高宗治世的最后一个年号，"天皇"即高宗李治崩逝而称"天皇太帝"，"皇太后"即上文中提到的"唐则天皇后"，登位后称号"圣神皇帝"，改国号"大周"。当时唐人对使团说，经常听闻"海东有'大倭国'，谓之君子国"，如今看到使人"仪容大净"，自然信服，然后离开。7世纪末至8世纪初的东亚格局下，在唐日交流的政治历史舞台中，双方都发生过国号变更。

通过上述记录内容，笔者推断由倭国到日本国号的正式改称并获得唐（周）王朝主导东亚世界朝贡体制中的官方认可发生在文武天皇大宝年间，同时伴随建元年号，制定、颁布大宝律令，派遣唐使等活动。笔者认为，古代东亚关于国号"日本"正式改称后首次出现的书籍虽可能是柳芳曾经参与编修的唐朝国史，然而真正在唐朝社会上流通甚至东传后被日本朝野知识分子引经据典我国记录日本国号出处的史书则是柳芳私撰的《唐历》。唐朝以后，我国的官修史书开始正式记载国号"日本"，如《旧唐书》和《新唐书》等。从时间上来看，两唐书较《唐历》晚近两三百年，并且它们的成书或多或少受到其影响。史官柳芳私撰的《唐历》的史料价值毫不逊色，更因传播至日本而具有一定的历史地位和研究意义。

四　结语

飞鸟时代的日本积极自发地学习和引进我国年号制度，对其自身社会文化发展产生了极其重要的影响，其"日本"国号、"天皇"称号、年号制与古代东亚体系中心的隋唐王朝有着紧密关联，是日本史学史与中日文化交流史上十分值得注意的现象。日本飞鸟时代的年号制度引入使用始于

7 世纪中叶的大化改新，还伴随着天皇制与国号变化至确立的过程，三者
正式定制于 8 世纪初即文武天皇大宝元年。飞鸟时代日本天皇年号制正式
确立，由倭国到日本国号的改变表明，古代日本在东亚世界中逐渐得到隋
唐王朝的承认。日本列岛与朝鲜半岛和中国中原王朝关系强化经过了漫长
的历史交流和文化认同。我国的年号制度东传逐步变迁为日本独特的文化
符号，是研究日本文化不可忽视的历史现象。强大的军事实力是解决国家
间尖锐矛盾和支撑国家国际影响的重要武器，而隋唐王朝在古代东亚世界
体系中占据着非常重要的地位，军事力量的强大、经济的繁荣、政治的清
明为文化的繁荣提供了良好的发展空间，邻国日本受到隋唐的影响，主动
学习我国的制度、文化，并将文物典籍等带回日本宣传和学习。

"文化外交"抑或"文明对话"

——文化国际传播的西方经验与中国方案

孙　钰*

摘　要： 近年来我国政府开始重视中华文化的国际传播，在学界也产生了诸如"中国文化走出去""讲好中国故事""提升国际话语权""促进文明对话"等研究主题，相关研究已经成为一门显学。在诸多研究中，一些学者试图利用以软实力为代表的西方理论为中国当下的文化国际传播实践寻找依托，但同时也有学者指出这些西方理论脱离中国历史与现实语境，会误导中国的相关实践。软实力的相关话语对应的是特有的政治制度和社会形态，容易为后发展国家设置一种话语陷阱，需要清醒面对，审慎分析软实力建设的具体语境和功能发挥的具体途径。[①] 本文认为，在当今西方一些国家民粹主义回潮的环境下，以人类命运共同体为愿景的中国，在文化国际传播时更应积极反思西方国家相关实践的经验与教训，结合中国国情打造具有新时代中国特色的文明对话观念与策略。

关键词： 文化外交　文明对话　软实力

一　西方国家文化国际传播的两种理想类型

"理想类型"是德国社会学家马克斯·韦伯提出的一种研究者主观建

＊　孙钰，中国传媒大学传播研究院博士生，大连外国语大学国际关系学院讲师，大连外国语大学东北亚研究院研究员。本文为国家社会科学基金重大项目《"一带一路"背景下中国价值观的国际传播研究》（项目批准号17ZDA285）的阶段性研究成果。

①　孙英春：《警惕软实力的"话语陷阱"》，《中国社会科学报》2015年12月4日，第5版。

构的概念，其通过单向突出事物的某种特征，帮助社会科学家在纷乱的具体现象中进行概括和分类。虽然理想类型所指的内容在现实中确实很少出现，但是其仍然反映了现实的某些层面，而且可以用作对现实进行判断、说明与研究的基础。

正是基于上述逻辑，本文首先建立了文化国际传播这一工具性概念，暂时悬置了文化国际传播活动背后的目标与价值，而凸显其工具理性。韦伯曾经强调，"我们所谓的理想类型……和价值判断没有任何关系，除了逻辑上的完善外，它与任何形式的完美毫不相干"。[①] 当然必须承认"文化国际传播"是工具理性和价值理性的统一体，在真实世界中并不存在完全"价值无涉"的文化国际传播活动，但也只有做此假设才能更清晰地将本文分析的问题概念化。另外，当把这种暂时悬置了价值面向的文化国际传播放入西方民族国家的具体实践中，我们就可以发现一对截然相反的理想类型。

第一种理想类型是兴起于两次世界大战期间的文化国际主义。第一次世界大战的惨痛教训使一些西方人文知识分子逐渐意识到权力政治并不能保证世界和平，更无法建立稳定的国际秩序。因此，他们开始寻求其他解决之道，而文化国际主义正是兴起于这股反思热潮之中。文化国际主义者认为，国家间的平等文化交流可以促成国家间相互理解。为达到此目的，一国的文化国际传播应该超越狭隘的民族主义，而以世界和平为终极目标。日裔美籍学者入江昭从文化关系的视角出发，对霍布斯式的权力概念进行了重新阐释，并由此解释了文化国际主义的基本观点。他指出霍布斯将权力定义为"人当下具有的能够获得未来所需之物的能力"，而文化国际主义则重新定义了霍布斯权力中的"需求"（need）和"方法"（means），主张国家应该用文化而不是权力的方式满足需求。[②]

这种思潮首先兴起于英国和法国的知识分子团体中，随后传播到了美国及其他西方国家。文化国际主义观念深刻影响了美国的文化国际传播策

---

① Weber, M., *The Methodology of the Social Science*, New York: The Free Press, 1949, p. 90, 转引自周晓红《理想类型与经典社会学的分析范式》，《江海学刊》2002 年第 2 期。

② Iriye, Akira., *Cultural Internationalism and World Order*, Baltimore and London: The Johns Hopkins University Press, 1997, p. 17.

略。在文化国际主义思潮下，美国各大基金会和学术团体开始建立自己的文化国际传播机构，美国文化国际传播的行为体逐渐多元化。在传播内容和渠道方面，在英国教育家马修·阿诺德（Matthew Arnold）的影响下，文化国际主义者尤其重视以图书、图书馆和学术交流为渠道的精英文化的国际传播。在传播目标方面，文化国际主义者的目标并不是打造本国良好的国家形象，而是通过双向文化交流加深国家间的相互了解，最终实现世界和平。

但是在 20 世纪 30 年代"大萧条"和纳粹兴起的历史条件下，文化国际主义开始发生"国家主义"转向，但其背后的国际主义精神被一代自称为"文化人"（cultural man）的知识分子继承下来。在随后数十年间，他们一直坚信文化的国际传播不应与政治相关。

第二种理想类型是文化国家主义。与文化国际主义正好相反，文化国家主义主张文化的国际传播理应服务于国家目标，成为维护国家利益的手段。20 世纪 30 年代，纳粹德国在拉美国家大肆开展的反美宣传活动就是典型例子。在李普曼出版《舆论》一书后，舆论在政治中的作用开始得到重视。以美国为代表的西方国家一方面担忧其国家形象被他国宣传抹黑，国家利益受损，另一方面也纷纷开始开展文化宣传活动。由于受到自由主义政治理念的影响，珍珠港事件之前的美国政府并没有直接开展文化宣传，而是以政府与民间力量合作的形式在拉丁美洲开展文化外交活动。从这个角度看，美国的文化外交其实是美国自由主义观念、文化国际主义思潮及文化国家主义转向在具体历史条件下博弈的产物。1941 年 12 月珍珠港事件后，美国正式加入第二次世界大战。在经过国务院文化咨询委员会的数次激烈争论后，美国政府才将文化国际传播完全纳入国家外交政策框架。在当时战争状态下，美国的文化宣传活动旋即展开。

在传播实践层面，文化国家主义观念影响下的美国文化国际传播活动具有如下特点。在传播行为体方面，深受经济危机影响的私人机构逐渐将主导权转交给联邦政府设立的文化交流处、美洲间事务合作办公室和战争信息办公室等官方机构。总体来看，在罗斯福新政中权限扩张的联邦政府在文化国际传播事务上的参与度逐渐提高，从曾经的协调者逐步转变为管理者。在对外传播的文化内容方面，在纳尔逊·洛克菲勒的建议下，美国开始将所谓的"技术援助"和以电台、电影等快媒介承载的大众流行文化整合进入对外传播的文化范畴，同时其目标受众也从国外的精英阶层转向普通民众。与拉丁美洲国家相比，美国当时在经济、文化等各方面都占有优势，因此曾经的双向交流模式也逐渐转变为美国文化的单向输出。与文化国际主义倡导的国家间互谅不同的是，文化国家主义观念强调文化的国际传播应以本国国家形象和短期国家利益为出发点，而"文化"只是国家实现目标的手段。

二 西方国家的文化外交与文化宣传
——折中观念与现实策略

纯粹意义上的文化国际主义和文化国家主义两种理想类型在现实世界中并不存在。文化国际主义强调传受双方地位的绝对平等，传播内容的非政治性，并以达成国家间的相互理解为最终目标。但在现实世界中，文化国际传播活动往往由政府机构承担，因此其传播的文化内容背后难免掺杂国家主导的意识形态因素。而在传播效果方面，国家间的相互理解也必然为国家外交政策的实施创造了舆论环境。因此，在具体实施中，一国文化的国际传播在各个环节都无法做到完全去政治化。

与上述逻辑类似，文化国家主义强调文化国际传播活动由政府机构承担，并完全服务于国家利益。在传播过程中，文化内容单向流动，传受两国处于对立状态。但在现实传播活动中，信息流向与最终传播效果都难以预先控制，而且作为传播内容的文化宣传品中也总有一些文化成分。两种文化国际传播的理想类型及传播特点如表 1 所示。

表 1　两种文化国际传播的理想类型及传播特点

传播观念	传播主体	传播内容	信息媒介和流向	效果期待
文化国际主义	私人机构（学术机构、慈善机构）	文学、艺术等精英文化（idea）	图书、展览和学术交流等双向互动	国家间互谅，世界和平
文化国家主义	政府机构（国务院等）	政治宣传品（ideology）	以电台为代表的单向传播媒介	国家形象，单一国家利益

因此，西方国家的文化国际传播在实际操作中往往是上述两种"理想类型"的妥协产物，即"文化外交"与"文化宣传"。前者指由政府发起的、私人力量参与的对外文化与教育交流项目，旨在增进国家间的相互理解，培育国际善意，树立国家良好形象，传播一国的文化和价值观。文化外交主要着眼于长远的政治目标，即促进相互理解和培育国际善意。主要通过慢媒介（slow media），如学生、学者和文化领袖之间的交流，艺术展览以及图书交换等方式来产生潜移默化的影响，对象是外国的精英阶层。随着信息技术的发展，文化外交也越来越针对大众。文化外交的目标无疑是政治性的，但其方法是非政治性的：思想之间的碰撞，人员之间的交流让支持文化外交的人们相信，让其他国家人民到本国来了解本国社会以及让本国文化人士到海外展示本国人民的面貌就是对国家的最好宣传。文化外交注重的是知识的交流而不是对方情感和态度的转变，其基本预设是国家间越是相互理解，就会越支持对方的对外目标，越同情对方的行动。同时文化外交强调互惠性而不是单方面文化输出，试图通过文化交流借鉴其他国家的思想和文化成就。

而"文化宣传"[①]指那些由国家完全控制的单向文化和价值观输出活动。文化宣传着眼于短期政治目标，因此主要通过快媒介（fast media），如电台、电视台和电影等手段宣传引导。文化宣传的主要对象为外国普通民众，其目标是政治性的，方法也是通过一国文化内容的单向流动影响他国受众，改变对方情感和态度，塑造舆论。文化宣传的传播内容是文化的，但其效果预期和传播手段决定了其宣传的本质。

三　文明对话——文化国际传播的中国方案

基于上述对西方国家文化国际传播观念与策略的简要梳理与反思，可以发现其文化外交概念中一直存在的文化国际主义与文化国家主义的张

---

① 本文讨论的文化宣传（cultural propaganda）不同于战争中以释放假消息而达成战略目标的信息战（information war）和黑色宣传（black propaganda）。文化宣传的目标自然是政治性的，但其传播的内容仍然是以文化的形式承载的，也着眼于较为长期的传播效果。

力。因此，中国文化的国际传播应扎根于自身文化土壤，并结合新时代中国社会语境与当下国际形势，以一种超越传统外交框架文明对话的观念与策略开展相关活动。

首先，文明对话的观念从根本上是承认各个国家与文明的平等地位。以英美为代表的西方大国的文化国际传播明显具有安格鲁·撒克逊中心主义倾向，在他们的视野里文化的流动是从中心到边缘，甚至是一种教化（civilizing）其他民族的过程。因此一些学者认为西方的文化国际主义本质上是安格鲁·撒克逊文化全球扩张的过程。① 与其不同的是，文明对话的理念承认各国文化可以在保持自身特色的前提下与其他文化交流和融合。此种"美人之美，美美与共"② 的理念应成为不同文明对话的主导观念。中国文化的国际传播也应加强对传统文化中相关理念的挖掘，以具有中国特色的文化国际主义精神消解国家主义与国际主义的内在张力。以人类命运共同体为目标的文化国际传播应基于不同民族国家间的共同价值，使之成为文化对话的前提和基础。正如习近平主席 2015 年在第七十届联合国大会的发言中指出的那样，"大道之行也，天下为公"，"和平、发展、公平、正义、民主和自由是人类的共同价值观，也是联合国的崇高目标"。③

其次，在中国文化国际传播的行为体安排方面，在政府权威机构的管理与授权下，应考虑建立公私合作协调机制，以一种超越传统外交的理念灵活安排行为体构成，从而充分利用私人机构在文化内容生产方面的创造力。考虑到中国是一个幅员辽阔、文化多元、生活方式多样的多民族国家，将各地区私人机构纳入中国文化国际传播的行为体则可以呈现中国文化的多元与丰富。但这也不意味着让民间机构完全承担外交责任，而是在理念上区分文化外交关系与文化关系：前者是由国家外交机构承

---

① Iriye, Akira, *Cultural Internationalism and World Order*, Baltimore and London: The Johns Hopkins University Press, 1997.

② 费孝通著、麻国庆编《美好社会与美美与共：费孝通对现时代的思考》，生活·读书·新知三联书店，2019。

③ 习近平：《携手构建合作共赢新伙伴　同心打造人类命运共同体——在第七十届联合国大会一般性辩论时的讲话》，人民网，http://politics. people. com. cn/n/2015/0929/c1024－27644905. html，最后访问日期：2020 年 4 月 2 日。

担（或者由官方机构协调，民间机构承接）的外交行为；后者是由社会民间以及个人自发从事的文化传播活动。两者的协调合作是实现国家间相互理解与价值观沟通协调，最终建立人类命运共同体的重要手段。

最后，在传播媒介渠道与信息流向方面，以人类命运共同体为愿景的中华文化国际传播应重视传播中信息的双向流动性与互惠性。这就意味着文化既要"走出去"，又要"请进来"，在信息的双向流动中促成不同文化之间的平等对话，以期建构一种包容的文化共同体。在这种观念的指导下，应重视以图书、图书馆、文化中心和教育交流为代表的慢速传播媒介。与以互联网、电视和电台为代表的快媒介相比，慢媒介不着眼于受众短期态度的变化，而以传受双方价值观的沟通协调为长期目标。慢媒介中尤以文化中心最能体现文化对话的性质。从传播学的角度看，海外文化中心既是一个物理空间，也是由多种媒介形式构成的一个符号场域。进入其中的访问者可以从建筑风格、展品陈列、图书馆藏和讲座讨论中深度沉浸在中国文化之中，这尤其有利于文化和价值观的传播。图书国际出版也是建立文化共同体的重要媒介渠道。与新媒体碎片化的信息呈现方式不同，图书尤其适合承载长文本内容，如小说，哲学和人文社科类著作。图书也是一种对话性媒介，正如罗兰·巴特所说，文本完成之后，"作者已死"，而受众拥有对于文本的解读权，也由此在微观层面消解了传受双方的对立。因此，图书的传播往往不适用于劝服，即传者对受者的控制，而更适合对话，也适合承载价值观的文学艺术文本的传播。教育交流也是建立文化共同体的重要途径。作为媒介形式的人可以承载的信息量远大于其他媒介形式，而人与人身体在场的交流更具有其他媒介形式无法取代的优势。教育交流可以在最大程度上保证信息的双向流动，无论是学生交换还是学者交流，当他们到达目的国家，其一举一动都在为两种文化的沟通和协调做贡献。

四　结语

在国家间文化交流日益频繁的当下，中国文化的国际传播应从观念和策略层面积极反思西方国家相关历史实践的经验与教训，认清其相关理论与话语中存在的张力与适用性局限，进而从当下我国具体历史环境和社会语境出发，在具有中国特色的文化国际主义精神指导下，灵活安排传播行为体构成，并重视对话性慢媒介在平等双向的文明对话中的作用。

21 世纪以来贵州与日本的交流考察及海外形象建构

——以中日两国新闻报道为中心

刘　岩　王晓梅　袁　锐[*]

摘　要： 本文以中国百度、日本 Yahoo! JAPAN 等网站为检索工具，收集整理 21 世纪以来关于贵州与日本交流考察活动的新闻报道，考察贵州与日本的交流实况，比较日本对贵州的报道与贵州对日本的报道内容间的差异。一方面把握他者视阈下的贵州形象，另一方面为贵州形象的海外建构及贵州省优秀文化的海外传播工作提供客观的支撑材料。

关键词： 日本　贵州　形象建构　新闻报道

随着"一带一路"倡议的实施，贵州在国家的大力支持下，在经济、社会、生态、大数据等诸多方面有了飞速的发展，贵州在西南地区的主体地位逐渐凸显。2015 年 8 月 22 日，第八届世界华文传媒论坛在贵阳开幕，拉开了贵州走向世界的序幕。2018 - 2019 年，中国国际大数据产业博览会连续两年在贵州成功举办，让贵州再一次引起了世界注目，各界人士纷纷前往贵州开展投资考察交流活动。近年来，日本也频频到访贵州，开展多领域、多维度的交流与考察活动。2019 年中日青年企业家交流活动、日本

* 刘岩，贵州大学外国语学院讲师，研究方向为中日旅游文化比较与少数民族民俗翻译；王晓梅，贵州大学外国语学院副院长，教授，硕士生导师，研究方向为中日文学文化比较；袁锐，贵州大学外国语学院研究生，研究方向为日语笔译。本文系贵州大学引进人才科研基金项目"'一带一路'背景下我国少数民族文化对日传播路径探寻"的阶段性成果。

新闻经济考察团赴贵州考察活动等的顺利举办，让我们看到了贵州与日本进行经贸交流合作与发展的无限潜力。在大力推动中国文化"走出去"，贵州、日本交流频繁的背景下，向海外讲好多彩贵州故事、传播好贵州多彩文化、建构好贵州形象是实现中国海外形象建构和中国优秀传统文化海外传播的重要一环。

基于以上背景，本文考察21世纪以来贵州与日本的交流活动，以期为贵州形象的海外建构及多彩文化的海外传播提供基础数据支撑，为新时代贵州与海外交流史的编撰提供材料依据。

一　数据来源与数据分析

（一）数据来源

科技的发展日新月异，传播手段层出不穷，互联网和智能手机已迅速成为民众获取信息的渠道，和电视、报纸等传统媒体各自分羹。新的传播技术带来了传播方式的革命，在新的传播方式下，新闻报道追踪性强，真实准确和及时，其媒体文本在知识获取和信息流动方面所发挥的作用也是其他媒介形式所无法比拟的。因此，本文把新闻报道中关于贵州与日本的交流考察活动作为研究对象进行分析，分别以百度、Yahoo！JAPAN 等为检索工具，对涉及贵州与日本交流的相关报道进行——筛选与整理。在 Yahoo！JAPAN 上以"日本と貴州"为关键字进行检索，共检索到有效结果 37 篇。以百度、搜狗等搜索引擎为工具，检索"日本与贵州"相关内容，通过比对分析、删除重合，共筛选出 106 次日本与贵州开展的交流考察活动。

（二）数据分析

1. 日本关于贵州的新闻报道

通过对日本新闻报道中涉及贵州的 37 篇内容的阅读与解析，发现以贵州为主体的报道有 18 篇，其余 19 篇只单纯提到了贵州，或对与贵州相关的事物一笔带过，没有突出贵州的主体地位。笔者对 21 世纪以来日本新闻报道中关于贵州的报道进行了分类与整理（见表 1）。

从表 1 可以看出，21 世纪以来日本关于贵州的新闻报道从 2001 年到 2011 年的十年间为空白期，可以说贵州尚未引起日本媒体的关注。直到 2012 年日本媒体才出现了关于贵州的报道，却不是以贵州为主体，而是在报道中国其他地区时提及贵州。2017 年日本媒体第一次出现以贵州为核心内容的新闻报道，表明日本开始关注贵州。2019 年，日本以贵州为核心内容的报道增至 17 篇，反映出日本对贵州的关注度迅速提升，同时也表明贵州在日本新闻报道中的地位得到快速提升。

表 1　21 世纪以来日本新闻报道中关于贵州的报道

单位：篇

年份 类别	2001 – 2011	2012	2013	2014	2015	2016	2017	2018	2019	总计
贵州非主体的报道	0	2	0	1	0	0	2	2	12	19
以贵州为主体的报道	0	0	0	0	0	0	1	0	17	18
小计	0	2	0	1	0	0	3	2	29	37

2. 中国关于日本与贵州的报道

如前文所述，中国新闻报道中关于"贵州与日本"开展交流考察活动的次数共计 106 次，通过对中国新闻报道中关于日本与贵州的报道内容的确认与解读，发现日本到访贵州开展交流考察的活动共有 74 次，贵州赴日本开展交流考察的活动共有 32 次。

21 世纪初期日本就已经来访贵州并开展交流活动，但此后的 4 年内尚未发现日本来贵州交流考察的报道，2006 年开始至今的十余年里，陆续出现了日本来访贵州并开展交流考察活动的报道。2011 年以来，关于日本赴贵州开展活动的报道次数呈现明显上升的趋势，尤其是 2019 年达到了高峰，这反映出日本对贵州的高度关注，同时贵州对日本的来访也给予了积极报道。与之相对，贵州赴日本开展交流考察活动的报道始于 2002 年，略晚于日本来访贵州开展交流考察活动的报道时间。从 2001 年到 2010 年的十年里，与"日本到贵州开展活动"报道的相对空白期相比，"贵州到日本开展活动"的报道呈现低次数、非持续的特点。从 2011 年开始好转，一直到 2018 年呈明显上升趋势，2019 年略有下降，可以说贵州赴日本开展活动的报道呈现逐年缓慢递增趋势，并进入了稳定状态。

总体而言，虽然"日本来访贵州"的报道时间略晚于"贵州赴日本"的报道时间，但随着日本来访贵州开展交流考察活动的频繁，加之国内媒体对此给予的高度关注与报道，"日本来访贵州"的报道次数一直高于"贵州赴日本"的报道次数。这也反映出在经济全球化的时代背景下，贵州在以积极的姿态走向世界的同时，邻国日本也更为积极地报道贵州。

二 中日两国新闻报道中贵州与日本交流考察的内容分析

（一）日本来访贵州交流考察的内容分析

笔者以日本在贵州开展的 74 次活动为对象，对活动内容进行了分类与整理，将日本在贵州开展的交流活动根据内容分为"旅游""经贸""文化交流""学术交流""校际交流"和"其他"① 六个类型。日本赴贵州考察的过程中，围绕经贸开展活动的次数是最多的，共计 27 次，超过了总体考察次数的 1/3；之后是文化交流与旅游，分别为 18 次和 15 次。与经贸、文化交流、旅游相比，校际交流与学术交流次数较少，分别是 7 次和 6 次。另外，其他的活动中涉及环保、农业、地质公园大会、体育、调研、盆景大会、大数据博览、省情考察等方面的内容。

从 21 世纪以来日本在贵州开展活动内容的分类可以看出（见图 1），日本最早来贵州开展的活动是经贸活动，并且从 2008 年开始，每年均会赴贵州开展经贸交流活动，尤其是 2017～2019 年经贸活动频繁，2019 年高达 9 次。文化交流始于 2010 年，与旅游呈现出相同的趋势。整体而言，日本赴贵州考察的内容具有多样性和持续性，其中经贸是日本考察贵州的核心内容。进入 21 世纪后，在国家政策的扶持下，贵州省积极结合自身资源优势，提出大生态、大数据等发展战略构想，贵州省以积极的姿态面对各种机遇与挑战，在文化交流、旅游开发、绿色经济等方面取得了长足的进步。日本对贵州经贸发展的持续性考察，一方面反映出贵州经济的高速发

---

① 交流活动内容的次数≤2 的类型，笔者将其归为"其他"类。

展与跨越式进步引起了日本的高度关注，另一方面也折射出贵州经济发展的潜力与国际化发展的趋势，日本积极赴贵州开展交流考察活动，是想进一步寻求合作的机会。

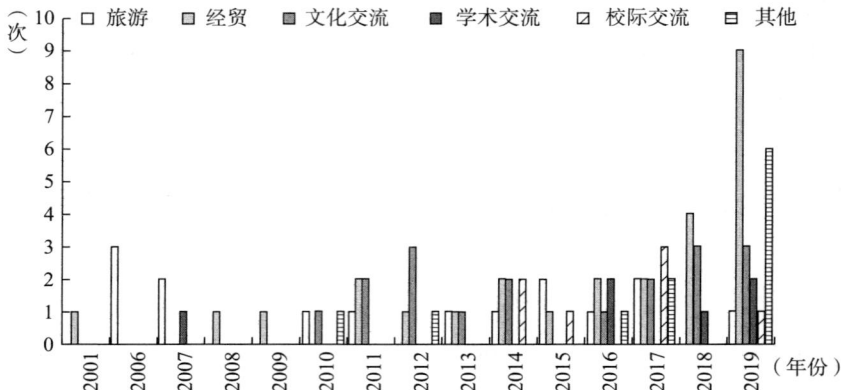

图1 21世纪以来日本在贵州开展活动内容的分类

（二）贵州赴日本开展活动的内容分析

1. 日本新闻报道中关于贵州赴日本报道的内容分析

如前文所述，日本以贵州为核心的报道内容较少，只有18篇，且主要集中在2019年。2017年日本Yahoo！JAPANニュース在国际新闻一栏中以图文解说的方式对贵州黔西南布依族苗族自治州安龙县在悬崖绝壁上修建的美术馆进行了介绍与描述。另外，报道内容涉及少数民族（瑶族、侗族、彝族）的舞蹈及文化、贵州美食、自然风光与旅游资源、大数据、贵州茅台等方面的内容，覆盖面甚为广泛，但没有出现贵州赴日本开展交流考察活动的相关报道。

2. 中国新闻报道中关于贵州赴日本报道的内容分析

21世纪以来，贵州赴日本开展交流考察的活动共计32次，笔者根据其考察内容分为"旅游""经贸""文化交流""学术交流""艺术交流""教育""体育"等类型。在贵州赴日本开展交流考察活动中，与旅游相关的内容最多，共计13次，其中有8次是贵州赴日本开展"多彩贵州"旅游推介活动，向日本宣传贵州的多彩文化。2016年在来访贵州入境游的主要客源国中，日本居第三位。① 由此看出，贵州非常重视日本旅游市场的开发及旅游文化的海外推广与传播。同时，文化交流是旅游活动中不可缺少的一部分，贵州在赴日本开展"多彩贵州"旅游推介活动时，均进行了文化层面的交流。另外，贵州赴日本交流与考察的内容虽然涉及经贸、学术交流、教育等类型，但次数较少，艺术交流和体育则更少。

从 21 世纪以来贵州赴日本开展活动内容的分类可以看出，在 2011 年以前，贵州赴日本开展活动的内容较为单一且次数较少，从 2011 年开始逐渐好转，呈现多元化、持续性递增的趋势。2018 年，在旅游、经贸及文化交流方面出现了高峰。此外，在贵州赴日本开展的活动中，旅游和文化交流活动相对较多。旅游开始得最早，且较为持续和稳定，表明域外旅游是贵州一直比较重视的领域。文化交流始于 2011 年，除 2013 年和 2014 年以外，贵州均赴日本进行文化交流，反映出文化交流亦是贵州文化海外传播的重要途径。贵州赴日本开展经贸活动开始较晚，始于 2017 年，但发展迅猛，尤其是 2018 年经贸活动频繁。贵州赴日本开展教育方面的活动共计 5 次，相对来说较少，呈现出断点式的特征，反映出贵州对与日本进行教育交流的重视程度不够。

综上所述，贵州在发展国内旅游振兴当地经济的同时也十分重视入境游的发展。一方面积极赴日本开展旅游推广活动，让更多的日本人了解贵州优质的旅游资源；另一方面也十分注重和日本的文化交流，多次到日本开展文化交流活动。此外，近几年贵州开始注重与日本开展经贸往来活动，这一分析结果与日本以经贸为核心内容来贵州考察的结论一致。

三、 自我与他者视域下的贵州形象建构

（一） 自我视域下的贵州形象建构

20 世纪 90 年代以来，贵州倡导并提出了"多彩贵州"这一构想，以贵州原生态文化为主体的多元文化关系、多样文化生态、多类产业样态涵

---

① 贵州省统计局官网，http://www.gz.stats.gov.cn/tjsj_35719/tjxx_35728/201709/t20170922_2845606.html，最后访问日期：2019 年 10 月 7 日。

聚的地域文化概念，具有民族性、传统性、原生性、本土性和共融性的特征。① 中国综合国力的提升和"一带一路"倡议的实施，为贵州省文化的海外传播提供了难得的历史发展机遇。

近年来，贵州形象建构取得诸多成果。无疑，"多彩贵州"形象的打造与推广是其中最重大的成果。"多彩贵州"形象围绕"多元""和谐""原生态"三个核心理念，向中国乃至世界展现了贵州文化的多样性、多元性，贵州多民族之间的和谐生活状态，以及贵州地域空间的原生态性。

（1）贵州形象之历史与文化。历史是国家形象的基本元素和主要标志之一，文化是一个民族的灵魂，是中国的"根"和"魂"②。春秋时期，贵州作为荆州西南裔，属于"荆楚"或"南蛮"的一部分，到战国后期，夜郎国逐步发展成为西南地区的大国之一，再到明朝，贵州正式建制成省，贵州省绵延不绝的历史传承与丰富多彩的文化是塑造贵州举世独步的形象的重要条件。

（2）贵州形象之自然与人文。贵州历史文化悠久，少数民族文化底蕴丰厚，原生态的自然风光与自然资源十分丰富，山脉众多，重峦叠嶂，绵延纵横。人文对自然加以烘托和渲染，使之带有浓厚的古老文明的印记，给静止的景物注入了活力，架设了沟通人与自然的桥梁。③ 以人文创造强化自然之美、借自然之美净化人文创造是塑造贵州形象的主要特征。

（3）贵州形象之传统与现代。历史上的贵州，留给人最深的印象就是贫穷。伴随着改革开放与西部大开发，贵州在经济、文化、社会等方面发展迅速。进入 21 世纪后，在国家政策支持下，贵州精准定位，随着《贵州省大数据产业发展应用规划纲要（2014－2020 年）》的出台，以及2014－2017 年贵州数博会的连续举办，大数据产业伴随互联网＋、政务大数据、区块链等在贵州破茧兴起。传统与现代的融合是提升贵州形象的重要因素。

---

① 喻健、唐亚娟：《"多彩贵州"文化品牌传播研究》，《多彩贵州文化学刊》2017 年第 1 期。
② 范红：《国家形象的多维塑造与传播策略》，《清华大学学报》（哲学社会科学版）2013 年第 2 期。
③ 邱焰美：《简析我国的旅游形象》，《经济问题》1986 年第 8 期。

（二）他者视域下的贵州形象建构

自我视域的贵州形象建构立足于贵州省得天独厚的自然资源与优秀的人文资源，深厚的历史文化与科学技术的发展，使当代贵州形象呈现出多元化的发展趋势。与之相对，日本对贵州报道的内容主要集中在自然风景、民族风情等方面。

贵州少数民族形象的海外建构可以说源于鸟居龙藏，为了研究苗族、彝族与台湾原住民的渊源关系与探索日本民族的来源，日本人来到湖南、贵州和云南考察。[①] 在百余年里，日本对贵州少数民族，尤其是贵州苗族保持着高度的学术关注，可以说，日本学者对贵州少数民族的研究为贵州省少数民族形象建构发挥了不可忽视的作用。另外，贵州先后赴日本开展的大型文化旅游推介活动也取得了一定的成果，日本也多次到贵州考察贵州的自然景观以及以少数民族文化为特色的文化旅游资源，并谋求与贵州达成一定的交流合作关系。

近几年，日本来贵州开展经贸活动的次数迅速增加，说明贵州的经济发展迅猛，整体影响力提升，潜在的发展前景和市场吸引了日本的注意。日本在与贵州开展旅游、文化交流活动的同时，逐渐把重心转移到经贸合作领域。从笔者收集的新闻报道活动发现，在最近两年日本来贵州开展的经贸交流考察活动中，大部分是与大数据产业相关的，这说明连续几年在贵州举办的中国国际大数据产业博览会确实建构起贵州作为"大数据中心"的形象，凸显了传统与现代融合的特征。

（三）自我与他者视域下贵州形象的乖离

一方面，日本学者对贵州研究的学术成果在日本学界产生了多层面、多维度的影响，另一方面，贵州以积极的姿态走进日本，宣传贵州文化，"多彩贵州"的自然景观与少数民族文化形象在日本逐渐形成。同时我们也应该看到，日本媒体中关于贵州的报道内容并未呈现"多彩贵州"的形

---

① 姚胜旬：《中日民间外交特殊性研究——从池田大作现象到日本人在西南苗疆寻根考察》，《上海师范大学学报》（哲学社会科学版）2013 年第 31 期。

象，日本媒体中尚未形成贵州作为"大数据中心"的形象。因此，贵州在不断向日本打造"多彩贵州"文化旅游地的同时，也应结合日本新闻报道中的贵州形象进行整合，建构对日本更具吸引力的贵州形象。

总体而言，贵州打造的"多彩贵州"形象与日本新闻报道中的贵州形象存在乖离。日本在与贵州交往过程中会逐步形成一个他们心中的贵州形象。因此，以自我视域下建构的贵州形象及他者视域下建构的贵州形象的乖离为借鉴，贵州在建构海外形象时应采取两相结合的方式。换言之，在不断总结探索如何打造凸显本土特色文化气息的海外形象的同时，要结合海外反馈的贵州形象，打造独具特色和吸引力的海外形象。

依据上述分析，建构贵州的海外形象可以从以下两点出发：一是针对单一对象国建构贵州的海外形象。这种海外形象不是针对所有海外国家，而是针对单一国家建构的。它不是单一从贵州的特色出发，而是通过对象国的反作用而重新建构起来的海外形象。二是将贵州本土化的形象与国际化相结合，打造出一个让各国都能接受的国际化的贵州海外形象。当然，在建构这种对象性的海外形象的同时，要最大可能地保留本土化形象，突出贵州自有的特色形象。

四 结语

本文以中日两国新闻报道中的贵州与日本的交流考察活动为对象，进行了材料的收集、整理与分析，主要得出了以下三点结论。

一是，进入21世纪后，日本与贵州在各个领域展开交流，呈现出多元化的发展趋势。总体而言，日本媒体中关于贵州的新闻报道数量少于中国媒体中关于贵州与日本的新闻报道数量。日本媒体关于贵州的新闻报道内容主要集中在少数民族、美食、自然风光与旅游资源、人文、科技等方面，覆盖内容甚为广泛。与之相对，中国媒体关于贵州赴日本的报道主要聚焦在旅游、经贸、文化交流、学术交流、艺术交流、教育、体育等方面，而日本来贵州的报道则围绕旅游、经贸、文化交流、学术交流、校际交流等方面展开。

二是，自我视域下的贵州形象建构过程包含历史与文化、自然与人文、传统与现代等要素，"多彩贵州"形象具体呈现了少数民族文化、山地公园、生态绿、大数据中心等具体认知形象。与之相对，日本建构的贵州形象主要包含自然景观、少数民族文化及大数据等具体认知形象。自我视域与他者视域下建构的贵州形象存在共性与差异。

（3）贵州在海外形象建构过程中，需在完善自我建构的前提下考虑海外国家的接受与反应情况，将本土化形象与国际化相融合、特色化与普遍化相结合、小众传播与大众审美相结合①，从而建构起国际化的海外贵州形象。

---

① 孙玮、吕军：《贵州少数民族题材电影的特质及传播策略》，《贵州社会科学》2019 年第 7 期。

海外汉学研究

日本学者文献学层面的《山海经》研究[*]

张西艳[**]

摘　要： 中国典籍《山海经》早在奈良时代或者更早时期就传入日本。《山海经》在日本广泛传播的同时，也成为日本学术界关注的对象。日本有大量《山海经》研究的成果，涉及文献学、神话学等多个层面，其中文献学层面的研究成果尤为卓著。小川琢治、前野直彬、竹内康浩、高马三良、伊藤清司、松田稔、枥尾武、大野圭介等日本学者从文献学层面对《山海经》的研究涵盖篇目、版本、成书、作者、错简讹字、注释等多个方面，为日本学者在其他层面的《山海经》研究打下了良好的基础。

关键词： 日本　文献学　《山海经》

中国典籍《山海经》早在奈良时代（710－794）或更早时期就传入日本，并在日本广泛传播。自20世纪以来，《山海经》成为现代学术界关注的对象，以《山海经》为研究对象的日本学者也越来越多。日本出现了大量研究《山海经》的成果，《山海经》的研究成为《山海经》在日本传播的一股主要力量。日本学者的《山海经》研究涉及文献学、神话学、民俗学、地理学、博物学、比较文学等多个层面，其中文献学层面的研究成果尤为卓著。鉴于文献学在人文学术研究中的基础性地位以及日本学者在文献学层面研究《山海经》所取得的诸多成果，本文主要对日本学者在文献学层面的《山海经》研究进行探讨。

---

*　基金项目：本文系国家重点文化工程"全球汉籍合璧工程"专项经费资助子项目"《山海经》在日本的流布与影响研究"（编号：HBY201913）的阶段性成果。

**　张西艳，女，汉族，文学博士，东华大学外语学院副教授。

一　《山海经》篇目研究

西汉末年，刘向、刘歆（刘秀）父子整理群书，在开创文献学方面功不可没。《山海经》就是刘氏父子整理的群书之一，《七略》也由刘歆在刘向所编《别录》的基础上编纂而成。《七略》虽在唐代已散佚，但由于班固的《汉书·艺文志》根据《七略》编写，所以《七略》得以借《汉书·艺文志》而为后人所知。但是，刘歆在《上山海经表》中将《山海经》定为"一十八篇"，根据《七略》所编的《汉书·艺文志》却是"山海经十三篇"。对于刘氏父子给后人留下的这个谜，清代毕沅、郝懿行等学者曾尝试破解。日本学者冈本正曾指出："最早对《山海经》篇目进行真正研究的是毕沅，在其《山海经新校正》中附有《山海经古今篇目考》。"[①] 那么，日本学者对《山海经》篇目的研究始于何时？

1911 年，小川琢治在《艺文》杂志上连续发表了《山海经篇目论》和《山海经篇目论补遗》。小川认为，考证《山海经》篇目的变迁，古今版本大体可分为三种："一为汉本，即经刘秀校定的两汉时代所传之简编。二为隋唐本，即晋时郭璞加注解编次而传于隋唐之卷子本。三为现行本，即宋以后传至今日之写本及刻本。"[②]

小川认为《汉书·艺文志》中的"山海经十三篇"即为汉本。关于汉本十三篇与现行本的异同，中国学者早有论述。毕沅在《山海经新校正》中认为，"三十二篇"之"二"字为"四"字之误，刘秀所上之"三十四篇"，即禹益所作《山海经》"三十四篇"。对此，小川在指出毕沅的考证最为精透的同时也提出了质疑。鉴于"《玉海》中所引之'三十二篇'之句却有二处，皆作二字。"[③] 小川认为"毕氏之说，别无所据，可谓近于大胆的臆定。"[④]

---

① 冈本正：「『山海經』について」，中国古代史研究会编『中国古代史研究』，吉川弘文館，1960，第 390 頁。
② 小川琢治：『支那歷史地理研究』，東京：弘文堂書房，1928，第 70 頁。
③ 小川琢治：『支那歷史地理研究』，東京：弘文堂書房，1928，第 73～73 頁。
④ 小川琢治：『支那歷史地理研究』，東京：弘文堂書房，1928，第 74 頁。

对于《汉书·艺文志》所言"十三篇"与刘秀《上山海经表》中所言"十八篇"不相符这一点，小川这样解释："所谓十三篇者，想与今之经文《五藏山经》五篇，《海外经》四篇及《海内经》四篇合共十三篇相当；而此十三篇加上《大荒经》四篇及《海内经》一篇，即等于刘表中之十八篇。"①

关于《山海经》古本之篇目，在细致分析毕沅、郝懿行的论述之后，小川指出："汉代所行之经文，是将《五藏山经》二十六篇缀合成十三篇再合为五篇，加上海外海内两经八篇，而袭用古经文十三篇之目。"② 小川认为汉代袭用旧篇目，含有夸示古书价值之意，刘秀在校订时自然亦从此篇目，郭璞遵循刘氏"定为一十八篇"也可能源于同样动机。

关于《山海经》十八篇之篇目，郭璞在《海内经》下注有"此《海内经》及《大荒经》本皆进在外"等语。对此，毕沅和郝懿行都解作"校进时在外"。小川发现日本藏《山海经》（明版覆刻本）中的注文是"皆逸在外"。清代瞿镛的《铁琴铜剑楼藏书目录》所载《山海经》十八卷（明刊本）之解题，与日本版同作"逸在外"。鉴于瞿氏的藏书以保存六朝及唐古本的旧面目善本著称，小川认为，"毕、郝两氏无非是取明道藏本之讹字强加解说。"③ "若就逸在外而解，则仅此五篇本逸在外，将其收下附加于前十三篇后。但非刘氏所收，而是注者（恐为郭璞）所收并将其附记于此。"④ 因此，小川认为毕沅、郝懿行两人有关《大荒东经》以下五篇为刘氏进本所有之说不可靠。

茅盾在《中国神话研究初探》一书中论及《山海经》的篇目时曾指出：

> 明刊道藏本目录"《海内经》第十八"条下有注云：本一千一百十一字，注九百六十七字；此《海内经》及《大荒经》，本皆进

---

① 小川琢治：『支那歴史地理研究』，東京：弘文堂書房，1928，第77頁。
② 小川琢治：『支那歴史地理研究』，東京：弘文堂書房，1928，第80～81頁。
③ 小川琢治：『支那歴史地理研究』，東京：弘文堂書房，1928，第83頁。
④ 小川琢治：『支那歴史地理研究』，東京：弘文堂書房，1928，第83頁。

在外。①

　　然据《铁琴铜剑楼藏书目录》所载明刊本《山海经》十八卷之提要，则作"逸在外"。大概明道藏本的"进"字就是"逸"字之误。据此则郝懿行的主张就不能成立，而《荒经》及《海内经》之是否为刘歆所见，是一个疑问了。②

　　对比茅盾和小川琢治关于《山海经》十八篇篇目的论述，二者的论点和论据基本一致。值得一提的是，茅盾开始撰写《中国神话研究 ABC》时，正值小川的《中国历史地理研究》出版，其中就收录了小川在1911年发表的《山海经篇目论》。那么，茅盾的观点与小川如此一致应非巧合。

　　关于《山海经》三十二篇之篇目，小川认为，要明白《山海经》古本之篇目，必须先考证当时《山海经》的状况。他指出，海外海内两经原有图，经文只是说明。由于图画要占据每篇的大部分，所以每篇如再各分为二，则为十六篇。《五藏山经》十三篇及海外海内两经十六篇，再加上《隋书·经籍志》中所记的"水经三卷"，则合为三十二篇。当然，对于这种解释，小川提到"吾人此种见解，无非揣摩之臆说，然吾以为可以最简单地说明山海经三十二篇之篇目。"③

　　小川对《山海经》汉本之篇目的考证，既继承前人成果，又提出自己的见解。然而，在对汉本篇目考证进行总结时，小川却阐述了这样的观点："离现行本而考察，为研究古本篇目的方法之一。古书目中所见篇数之差异，必有与其内容无关者。又依现行本之篇目直接推论古本似亦不可能。"④ 他认为，《山海经》"十三篇"与"十八篇"之差异，只是其中一例。最后，小川得出如下结论：

　　　刘向《七略》及《艺文志》之《山海经》十三篇与刘秀校定本

---

① 茅盾：《中国神话研究初探》，上海古籍出版社，2011，第20页。
② 茅盾：《中国神话研究初探》，上海古籍出版社，2011，第21页。
③ 小川琢治：『支那歴史地理研究』，東京：弘文堂書房，1928，第86~87页。
④ 小川琢治：『支那歴史地理研究』，東京：弘文堂書房，1928，第88页。

十八篇之不同，只是外观，其实则同一者也。①

对于刘氏父子给后人留下的这个迷，前野直彬、大野圭介等日本学者也有所研究。

1975 年，由前野直彬译注的《山海经·列仙传》一书出版。在此书的"解说"中，前野认为"'山海经十三篇'应是刘氏父子整理结果的记录。"② 不仅如此，他还推测认为，"刘向校订时的十三篇被记入《七略》中以后并被《汉书·艺文志》沿袭，但后来刘秀又发现了五篇，所以留给后世的是十八篇。"③ 关于这一推测，前野自己也认为并不严谨。原因是现行本《山海经》的第九篇和第十三篇的结尾都有由刘秀校订的记载，如果后面的五篇为刘秀所校订的话，结尾处也应有所记载，但是并没有。

大野圭介指出《上山海经表》的几个问题点。首先就是《上山海经表》中的"十八篇"与《汉书·艺文志》的"十三篇"相矛盾这一点。根据刘歆校订《山海经》时的社会背景，大野认为，刘歆校订《山海经》带有政治目的。汉成帝至汉哀帝时期正是外戚王莽和汉室对立加深时期，刘歆虽为汉室的一员，却得到王莽的提拔，处于一种复杂的立场。刘歆在从事宫中秘书的校订工作时站在拥护汉室、排除外戚的立场，这也是他推行古文经学并上奏《山海经》的原因。但是，《山海经》校订是在非常紧迫的政治状况下紧急完成的，这也是《汉书·艺文志》和《上山海经表》中的卷数不相符的原因。大野认为刘向并未见过大荒、海内经五卷，但刘歆见过，大荒、海内经五卷是刘歆所附加，刘歆校订《山海经》的意图是拥护宗室、批判王莽。

这正是刘歆的目标，也就是正适用于暗中排除王氏的主张。刘向为了达到排除宦官、外戚的目的，曾经编辑了《列女传》《说苑》

---

① 小川琢治：『支那歷史地理研究』，東京：弘文堂書房，1928，第 88 頁。
② 前野直彬訳注：『山海經·列仙傳』（全釈漢文大系/宇野精一、平岡武夫編，第 33 卷），集英社，1975，第 10 頁。
③ 前野直彬訳注：『山海經·列仙傳』（全釈漢文大系/宇野精一、平岡武夫編，第 33 卷），集英社，1975，第 10 頁。

《新序》。刘歆在大荒、海内经中也寄托了同样的思想，这并非不可思议。①

同时，大野也指出，正是由于《山海经》的校订以"拙速完成"，《山海经》尤其是大荒、海内经才在很大程度上保留了先秦古貌。结合刘歆的生平和他校订《山海经》时的社会背景，笔者认为大野圭介的上述论述很有道理，但也只是一种基于史实的合理推测。

从以上日本学者的研究可知，《山海经》两汉古本的篇目已难以确知。而且，晋郭璞作注时，《山海经》的保存状态已如《水经注》所述：

> 穆天子竹书及山海经，皆埋缊岁久，编韦稀绝，书策落次，难以缉缀，后人假合，多差远意。②

郭璞对《山海经》进行整理校定，小川认为是郭璞的一大功劳。然而，郭璞注解本之篇目在隋唐宋各书志中却有不同。对此，小川指出，"唐宋间书志或作二十三卷，或作十八卷，其篇目之不同，近代学者已穷其考证。"③ 对于毕沅的"案即用刘秀十八篇，篇为一卷也"④ 之说，小川认为毕沅是置隋唐所举之二十三卷于不顾。对于郝懿行的《旧唐书》所列十八卷以外加入图赞等充当二十三卷的主张，小川通过考证《本朝见在书籍目录》中《山海经》的卷数，认为郝懿行的考据非常薄弱。根据南宋《中兴书目》的记载，小川认为"十八卷由二十三篇而成，是必须认可的。"⑤ 另外，根据清代张金吾《爱日精庐藏书志》续志所载宋代尤袤的跋语，小川指出："隋唐间流行之《山海经》篇目，绝非一经为一卷或一篇。"⑥ 他认为，现行本《山海经》十八卷，是在尤袤校定《山海经》时

---

① 大野圭介：「劉歆「上山海経表」をめぐって」，『中国文学報』（51 卷），1995，第 21 页。
② 郦道元：《水经注》，商务印书馆，1958，第 12 页。
③ 小川琢治：『支那歴史地理研究』，東京：弘文堂書房，1928，第 91 页。
④ 小川琢治：『支那歴史地理研究』，東京：弘文堂書房，1928，第 91 页。
⑤ 小川琢治：『支那歴史地理研究』，東京：弘文堂書房，1928，第 93 页。
⑥ 小川琢治：『支那歴史地理研究』，東京：弘文堂書房，1928，第 93 页。

固定下来的。他也因此推想，流传于日本的《山海经》二十一卷之篇目"或即为《五藏山经》十三篇，与海外、海内、大荒及海内各经八篇相加而成。"①

关于《山海经》最初的篇目，高马三良通过研究《山海经》的经文内容尤其是文字的特点，提出了与小川琢治完全相反的观点。

> 《山海经》最初的状态应是除去现行本《山海经》前半部分的《山经》……由剩下的《海外四经》《海内四经》《大荒四经》《海内经》这十三经构成，即《汉书·艺文志》中所说的《山海经》十三篇。②

从日本学者对《山海经》篇目的上述研究可知，刘氏父子给后人留下的谜仍然没有得到破解，原因正如前野直彬所说："无论哪种说法，都只是推论而已，没有确切的证据。"③

二　《山海经》版本研究

（一）《山海经》现行本研究

早在考察《山海经》篇目时，小川琢治就从清代张金吾所编《爱日精庐藏书志》续篇所载尤袤的跋文中得知"南宋初年，山海经之异本已颇多。其京师旧印本，应为北宋刻本。"④《爱日精庐藏书志》续志卷三还记有"乙酉毛扆手跋"。小川根据毛扆手跋认为确实有尤氏校定的南宋刻本。但是，由于张金吾藏书已散佚，如何去考证其书志中所记的尤氏校定本？小川认为幸好有杨绍和的《楹书隅录》。清代目录学家杨绍和在《楹书隅录》中对所录之书都有详记，其卷三中的宋本《山海经》虽无尤氏跋文，

---

① 小川琢治：『支那歴史地理研究』，東京：弘文堂書房，1928，第 95 頁。
② 高馬三良：『山海經原始』，女子大文學（大阪女子大學紀要）（1），1951，第 34 頁。
③ 前野直彬訳注：『山海經・列仙傳』（全釈漢文大系/宇野精一、平岡武夫編，第 33 卷），集英社，1975，第 11 頁。
④ 小川琢治：『支那歴史地理研究』，東京：弘文堂書房，1928，第 99 頁。

但属于尤氏校定本。对此，小川认为"尽管张氏之旧本今无由寻觅，幸由此本，仍可知宋代以后山海经之体裁。"①

鉴于宋本《山海经》如此之少，小川不得已而求其次古者，即元刊本。依据清宫所藏《天禄琳琅书目》可知，元刊本《山海经》仅有一本。但是，小川认为杨绍和藏书中的明钞本《山海经》可视为元刊本的复本，原因是杨绍和藏书中所收明钞本《山海经》为吴匏庵手钞。小川根据其卷末吴匏庵的跋文，认为明钞本《山海经》应为明内阁元刊本而归之于清朝。

关于明刊本《山海经》，小川认为现存者颇多。例如，清代吴任臣在《山海经广注》中曾引用"刘会孟评山海经十八卷"。刘会孟是明代著名学者，小川认为附有刘会孟点评的"山海经十八卷"很有价值。至于清宫所藏《天禄琳琅书目》卷八中载有"水经山海经三函二十四册"，因其解题中有嘉靖甲午十三年黄省曾的序文，虽然"靖"字被改成"定"字，小川仍将其视为假充宋刊本的明刊本。除此以外，小川对《皕宋楼藏书志》列举的明覆宋刻本、坊间流传的胡文焕新刻本、王崇庆的《山海经释义》等也都有所考察。

根据《四库全书总目》的解题，小川认为《四库全书总目》中所列举的是万历年间的覆刻本。根据《铁琴铜剑楼藏书目录》，小川认为坊间流传的吴琯《古今逸史》本之《山海经》无特举之价值。那么，哪个现行明刊本才是最有价值的呢？小川指出："明道藏本为现行本最正确者，毕、郝两氏依据此本处颇多。"② 小川虽未能亲见白云观所藏明藏本，但从其友人内藤湖南处得知"日本内阁藏本与白云观本相同。"③ 另外，小川曾在日本书肆发现七册日本版《山海经十八卷》，但无一记有刊行年月，这让他深感遗憾。根据日本元禄④三年（1690）的书籍目录，他仅能判断这七册书为元禄以前的旧刻。根据体裁和内容，小川认为这七册书应属中国明清间的普通本。

---

① 小川琢治：『支那歴史地理研究』，東京：弘文堂書房，1928，第101頁。
② 小川琢治：『支那歴史地理研究』，東京：弘文堂書房，1928，第107頁。
③ 小川琢治：『支那歴史地理研究』，東京：弘文堂書房，1928，第108頁。
④ 元禄：日本江户时代的年号之一，自1688年至1703年。

关于清代的《山海经》版本，小川列举了吴任臣的《山海经广注》、汪绂的《山海经存》、毕沅的《山海经新校正》和郝懿行的《山海经笺疏》。对于吴任臣的《山海经广注》，毕沅曾批评其滥引路史，小川却认为"此书之驳杂，固如毕氏所言，然继王应麟之后涉猎古今群书而成之杂述，其旁征博引之处，吾人亦受益不少。故不应以其芜杂之故而舍弃怠慢。"①关于汪绂的《山海经存》，小川认为其卷首有"明杨慎注山海经序"和"汉刘秀上山海经疏"，而对郭璞序却略而不载，加上内容亦与其他现行本有不同之处，判断其为异本。小川对毕沅的《山海经新校正》评价最高，认为其为考究《山海经》的"津梁"。对于郝懿行的《山海经笺疏》，小川认为郝懿行与毕沅可并列为《山海经》之功臣。

在对《山海经》诸现行本进行研究之后，1911 年 6 月，小川得到一次调查日本内阁图书和南葵文库藏本的机会。根据日本南葵文库藏明覆刻本的体裁、卷首朱印、封面题字以及印刷材质等，小川认为其为深草元政②手书，是明本中嘉靖以前的覆宋刻本，与宋本同保有隋唐本旧面目。小川认为深草本《山海经》是他见过的诸本中最好的，在没见到尤袤校定本之前，他把深草本看作流布本中的正统。

关于日本内阁所藏明郑熙校本，小川根据其卷首题字等，认为其为深草本的覆刻。关于日本内阁所藏的另外一本卷首有"林氏藏书"和"深草文库"印章的明刊本，小川认为其为日本版《山海经》的底本，应是明刊本中的俗本，且是万历以后的刊本。关于日本内阁所藏的明王世懋重刻本，小川指出其卷末无刘秀的跋文，是其重大缺陷。

1911 年春天，富冈谦藏（1873 - 1918）从中国为小川带回一本单行本的清代黄晟校本《山海经》，小川认为此校本为乾隆年间用明活字体覆刻的明。对于日藏明胡文焕新校本，小川认为其与深草本有相同之处。对于日本宫内省书寮所藏的明道藏本，小川虽未得到亲自查看的机会，但他根据福井学圃（1868 - 1918）的报告，认为"其与深草本不同而自为一系

---

① 小川琢治：『支那歴史地理研究』，東京：弘文堂書房，1928，第 113 頁。
② 元政，通称元政上人（1623 - 1668），日本江户前期日莲宗僧人，因在京都深草创建瑞光寺而被称为"深草元政"，擅长汉诗、和歌。

统无疑"①。在详细考察日本所藏《山海经》诸本之后，小川列了一份简单的"日本现存本之系统"表，以区分诸本的系统。

从以上内容可以看出，小川对《山海经》诸现行本的研究已非常全面，也比较透彻。

（二）《山海经》原本研究

竹内康浩对《山海经》版本也有所研究。根据司马迁在《史记·大宛列传》中关于《山海经》的记述，竹内认为，在司马迁撰写《史记》的年代，确实有《山海经》这部书存在，但并无法知晓司马迁所见到的《山海经》与现行本有何异同。

竹内回顾了《山海经》的版本历史，将其分为三个阶段，即"一、刘歆校订以前的本子；二、刘歆校订本；三、郭璞注本。"② 竹内认为，刘歆校订以前的本子状况，现在虽基本没有线索可寻，但关于刘歆校订本时的状况，却有不少线索。

首先，根据《上山海经表》中"《山海经》凡三十二篇，今定为十八篇"③ 这一记述，竹内认为，刘歆校订时，宫中书库中的《山海经》应是三十二篇。其次，刘歆在讲述其父指出"反缚盗械人"为《山海经》中的"贰负之臣"之后，"朝士由是多奇《山海经》者，文学大儒皆读学，以为奇可以……"④。根据这一记述，竹内认为，"当时的《山海经》在某种程度上已广为传播，而且也存在宫中书库以外的本子。"⑤ 再次，通过考察《山海经》中多达66处的"一曰"这一记述，竹内发现，66处"一曰"除《大荒北经》中有1处外，其余65处都集中在海外、海内诸经中。鉴于《海内东经》中的"都州在海中，一曰郁州"⑥ 这一记述中有郭璞注

---

① 小川琢治：『支那歷史地理研究』，東京：弘文堂書房，1928，第128页。
② 竹内康浩：「後漢時代における『山海經』——現行本の成立の問題について」，『道教と宗教文化』，平河出版社，1987，第63页。
③ 袁珂：《山海经校注》，巴蜀书社，1996，第540页。
④ 袁珂：《山海经校注》，巴蜀书社，1996，第541页。
⑤ 竹内康浩：「後漢時代における『山海經』——現行本の成立の問題について」，『道教と宗教文化』，平河出版社，1987，第64页。
⑥ 袁珂：《山海经校注》，巴蜀书社，1996，第382页。

"郁音鬱"，竹内认为，"一曰"的记述既然加了郭璞注，那就可以确定是郭璞以前的人所为。

> 郭璞以前校订《山海经》的人，唯有刘歆被知。而且，在66处"一曰"的记述中占65处的海外、海内诸经的末尾处，有标明刘歆校订的记述，那么，可以认为添加"一曰"的人应为刘歆，这一想法并不为过。①

鉴于《海外南经》中关于"狄山"的记述和《海外东经》中关于"嗟丘"的记述中都有2处"一曰"，竹内认为，在刘歆所依据的底本之外，至少存在两种本子，也就是说，可以认为当时至少存在三种本子。根据郭璞在《西山经》中关于"瀜次之山"的"其阳多婴垣之玉"这一记述中注有"垣或作短，或作根，或作埋"，竹内认为当时应该有四种本子。

为了弄清东汉时期《山海经》的状况，竹内对许慎所著《说文解字》和高诱所注《淮南子》中引用《山海经》的情况进行了研究。由于《说文》第十三篇中有"山海经曰，惟号之山"，竹内认为许慎看过《山海经》是确定无疑的，但现行本《山海经》中并没有"惟号之山"。通过将《说文》中关于"食象蛇""发鸠山""蛫犬"等内容的记述与《山海经》进行比较，竹内认为，"许慎所看到的《山海经》无论在字句还是内容上都与现行本有相异之处，应是另一系统的《山海经》。"②

由于高诱注《淮南子·地形训》中关于"黑齿民"和"玄股民"的记述中都有"见山海经"之句，竹内认为高诱也看过《山海经》。通过对比《淮南子》和《山海经》中关于"黑齿民"和"玄股民"的记述，竹内发现《淮南子》中的这两处记述都接近于《海外东经》中的记述，与《大荒东经》中的记述则完全不同。高诱注《淮南子》中关于"夸父"的记述中也有"见山海经"之句，但与《大荒东经》和《大荒北经》中的

---

① 竹内康浩：「後漢時代における『山海經』——現行本の成立の問題について」，『道教と宗教文化』，平河出版社，1987，第65页。

② 竹内康浩：「後漢時代における『山海經』——現行本の成立の問題について」，『道教と宗教文化』，平河出版社，1987，第68页。

"夸父"相比，高诱注中的"夸父"与《海外北经》中的"夸父"有更多相同之处。另外，高诱注《淮南子》中的"形残之尸"与《海外西经》中的"刑天"极其相似。与《大荒北经》中的"烛龙"相比，高诱注《淮南子》中的"烛龙"更接近于《海外北经》中的"烛阴"。鉴于以上原因，竹内指出，从高诱注中所看到的《山海经》的内容，虽与现行本《山海经》有相似之处，却并非完全相同。

那么，许慎、高诱所看到的《山海经》究竟是什么样的本子呢？通过探究许慎、高诱的生平，竹内发现他们二位都是古文学派的学者。所以，竹内认为他们所看到的《山海经》应是古文本，且在篇目上的最大特征是没有《大荒东经》以下五篇。对此，竹内指出，《海内西经》中的"仁羿"就是古文的残余，而且认为，这个本子就是刘歆校订本的可能性很大。原因在于：一、刘歆校订本是用古文书写的。二、刘歆校订本由十三篇构成，比现行本少五篇。"① 同时，竹内还指出：

> 尽管可以看出现行本《山海经》基于刘歆校订本，但其实两者之间存在很大差异。而且，《汉书·艺文志》中所说的十三篇显然没有《大荒东经》以下五篇。那么，《大荒东经》以下的五篇可能成立于后汉到晋之间。②

之后，通过考察《海外诸经》的叙述形式和48处"一曰"这一记述，竹内认为，刘秀（歆）所校订的《山海经》由《五藏山经》和《海外诸经》构成。关于刘秀（歆）校订以前的《海外诸经》的状况，竹内则认为《海外诸经》在刘秀（歆）校订以前已经过多人的修改。

从以上内容可知，在《山海经》版本研究方面，小川琢治的着眼点主要在诸现行本上，竹内康浩的着眼点在于现行本之前的原本，对郭璞作注前的原本进行了探讨。

---

① 竹内康浩：「後漢時代における『山海經』——現行本の成立の問題について」，『道教と宗教文化』，平河出版社，1987，第78頁。
② 竹内康浩：「後漢時代における『山海經』——現行本の成立の問題について」，『道教と宗教文化』，平河出版社，1987，第78頁。

除以上两位学者以外，枥尾武对日本国立国会图书馆所藏明代蒋应镐绘图《山海经》的明刊本和和刻本进行了影印，并在《明·蒋应镐〈山海经〉：明刊本和和刻本》一文中用 360 多页的篇幅将两个版本的内容逐页并列刊出，将两个版本的相同和相异之处一一展现。① 尽管枥尾武并未对两个版本进行比较研究，也没有展开任何论述，但通过其文中的影印，明代蒋应镐绘图《山海经》的明刊本和和刻本的异同已一目了然。

三 《山海经》成书研究

如前所述，早在考证《山海经》篇目时，小川琢治就曾指出：

> 山海经名称之起源，应在司马迁以前，秦汉之间，附加海外海内两经之时。其在春秋战国间，当被视为五藏山经或山经。②

之后，在《中国战国以前的地理认知界限》③ 一文中，小川进一步推测认为，《山海经》中最初的五卷《五藏山经》形成于东周，理由之一是"《五藏山经》远远早于其后的《海外经》，《海外经》四卷又比其后的《海内经》四卷更早，而《海内经》四卷在刘向、刘歆校订以前，即汉武帝时就已基本是现在的样子，依次往前追溯，《海外经》四卷成书于战国时期，可见《五藏山经》五卷在春秋末期已经形成。"④

茅盾在《中国神话研究初探》一书中对《山海经》的成书时代也有所探讨。在对陆侃如在《论山海经的著作年代》⑤ 中的主张表达异议之后，茅盾指出：

---

① 枥尾武：「明·蒋應鎬畫『山海経』：明刊本と和刻本」，『成城國文學論集』（29 卷），2004，第 1－221 頁；枥尾武：『明·蒋應鎬畫『山海經』統：明刊本と和刻本』，『成城國文學論集』（30 卷），2005，第 1～145 頁。
② 小川琢治：『支那歷史地理研究』，東京：弘文堂書房，1928，第 95 頁。
③ 小川琢治：「支那戰國以前の地理上知識の限界」，『芸文』（6），1915。
④ 小川琢治：『支那歷史地理研究』，東京：弘文堂書房，1928，第 210～211 頁。
⑤ 陆侃如：《论山海经的著作年代》，《新月》第 1 卷第 5 期，1928。

如上所言，对于《山海经》的成书时代，大概可以定为（1）《五藏山经》在东周时，（2）《海内外经》在春秋战国之交，（3）《荒经》及《海内经》更后，然亦不会在秦统一以后（或许本是《海内外经》中文字，为后人分出者。）

对比茅盾和小川琢治的观点，又足见其一致之处。这应与茅盾撰写《中国神话研究初探》时，正值小川的《中国历史地理研究》出版不无关系。加上前述茅盾在论述《山海经》篇目时也有与小川的相似之处，关于《山海经》的成书年代，茅盾应是受到小川的影响。

另外，关于《海内东经》中"国在流沙中者埻端、玺晚……在流沙中。"① 这一记述，小川认为"埻端、玺晚"四字由原本记作"埻（端）皇（唤）"的四字转讹而来，也因此推测《海内经》四篇应在汉武帝开拓西北边境设郡前就已形成。

继小川之后，神田喜一郎在考察《山海经》中的中国古代山岳崇拜思想之前，先就《山海经》的性质和制作年代进行了一番说明。关于《山海经》的成书，他与小川的观点是一致的，都认为《五藏山经》为《山海经》最初的形态。对于《五藏山经》结尾处的说明与《管子》末尾的《地数篇》几乎相同这一问题，神田认为这也暗示了《五藏山经》成书的年代，"同一文章互见于不同的书中，却在战国时期的著作中屡见不鲜。"② 神田在确信《五藏山经》的成书无论如何都不会早于战国的同时，认为《山海经》的成书年代在战国和秦汉之间。

枥尾武在《明·蒋应镐〈山海经〉：明刊本和和刻本》一文中虽未对明代蒋应镐绘图《山海经》的明刊本和和刻本的异同展开论述，却在文末的"跋"中写道：

　　　　此次影印的六至十八卷与上次影印的五卷（即被称为《五藏山

① 袁珂：《山海经校注》，巴蜀书社，1996，第 379 页。
② 神田喜一郎：「『山海経』より観たる支那古代の山岳崇拝」，『支那学』（第 2 卷第 5 号），1922，第 28 頁。

经》的最古老部分的《山海经》）相比，可以说是较晚写成的。虽然不能确定最古老部分《山海经》成书的确切时间，但截至目前的说法是成书于战国至西汉间。①

从这一记述可知，在枥尾武看来，《五藏山经》是《山海经》中最古老的部分，成书于战国至西汉间。他的观点与小川琢治、神田喜一郎可谓一脉相承。他们都认为《五藏山经》是《山海经》最古老的部分，只是在《五藏山经》的成书时间上存在争议。日本学者中，只有高马三良认为《山经》的成书要晚于《海经》，《汉书·艺文志》中所说的《山海经》十三篇只包含《海经》的内容。

伊藤清司（1924－2007）在其诸多《山海经》研究论文中，也有涉及《山海经》的成书问题。对于《山海经》各篇目的成书时间，伊藤虽未展开详细论述，但他指出："前半部分的《山经》五篇和后半部分的《海外经》以下十三篇，其成书时期不同，是论及此书时几乎一致的见解。"②

关于《山经》和《海经》的成书孰早孰晚这一问题，松田稔根据《海经》先有图后有文的特点，不仅认为《海经》中的神被画入图画的时间比《海经》被记录的时间要早，而且指出："《海经》的绘画时期应早于《山经》内容记述的时期。"③

森和通过研究《中山六经》祭祀记事中"岳"和"诸岳"等词指出："这反映出《五藏山经》现行本被编纂之时，已经存在五岳观念。反过来说，《中次六经》以外的祭祀记事在《五藏山经》编纂以前，即各山系的记录完成时就已存在。"④柴叶子不仅指出《五藏山经》中关于山岳神和祭品的记述缺乏一贯性，而且认为"《中山经》的完成要晚于《五藏山经》

---

① 枥尾武：「明·蒋應鎬畫『山海經』続：明刊本と和刻本」，『成城國文學論集』（30卷），2005，第143頁。
② 伊藤清司：「羸羊と箴石——『山海經』の研究」，『東洋史·考古學論集：三上次男博士頌壽記念』，朋友書店，1979，第78頁。
③ 松田稔：「中国古代の神——「山海経」山経と海経との関係」，『学苑』（577），1988年1月号，第174頁。
④ 森和：『山海経』五藏山経における山岳神祭祀」，『日本中国学会報』（53卷），2001，第12頁。

的其他各经。"① 森和和柴叶子都试图从对《五藏山经》山岳祭祀的研究推测《五藏山经》具体内容的完成时间，只是并未展开进一步的研究，所以也未能得到更具体的结果。

关于《海内四经》的成书，大野圭介以《山海经》中实际存在的战国时期赵、燕、齐的地名为主要线索，结合《战国策》《汉书》等文献的记载和陆侃如、高马三良等中日两国学者的研究成果，对《海内四经》的成书时期和地点进行了探讨，并将《海内四经》的成书过程简要归纳如下：

> 海内南经的南海诸蕃，海内西、北、东经中的赵、齐、燕的地名，海内南经的苍梧山，海内南、西经的氐国，都是在公元前四世纪后半期，因齐的稷下学士的知识而成立。海内西、北经的昆仑及其周边国家，海内北经的蓬莱山及其周边，都是在公元前四世纪后半期到公元前三世纪前半期之间，在神仙家的宇宙山传说的基础上成立。海内东经后半部分的河川记述，则是汉代以后所增补。②

1929 年，我国学者陆侃如在《山海经考证》一文中认为，《大荒经》和《海内经》成书于后汉至魏晋间，并列出了五个证据来证明。大野对陆侃如所列出的四个证据提出怀疑，认为这些证据并不能证明大荒、海内经成书于汉以后。经过对《大荒经》和《海外四经》中位置的表述形式进行研究，大野指出："《大荒经》和《海外经》在表示位置的记述上明显是不同的体系，可以说并非出自同一人之手。"③

另外，通过对《大荒经》和《海内经》中关于系谱的记述进行研究，并将《大荒经》和《海内经》中关于"国"的记述与《吕氏春秋》《淮南子》进行比较，大野认为，《大荒经》和《海内经》成书于战国末期，且

---

① 柴菓子：「『山海経』の神話的研究——神話の編纂と変化」，『史観』（第 165 冊），2011，第 167 頁。
② 大野圭介：「『山海経』海内四経の成立」，『富山大学人文学部紀要』（28 巻），1998，第 180 頁。
③ 大野圭介：「『山海経』大荒・海内経原始」，『富山大学人文学部紀要』（第 30 号），1999，第 11 頁。

《海内经》与《大荒经》的成书地点不同的可能性较大。

从以上内容可以看出，日本学者对于一直以来都颇有争议的《山海经》成书这一问题上，同中国学者一样，也是众说纷纭，各有千秋。尽管如此，关于这个问题，如伊藤清司所说，《山经》和《海经》成书时期不同是论及此书时几乎一致的见解。

四　《山海经》作者研究

自刘秀校订《山海经》以后，《山海经》作者就有"益说""禹说""禹、益说""夷坚说"等多种。近代以来，关于《山海经》的作者，更是众说纷纭。

前野直彬对"禹、益说"进行了探讨，他认为，"禹、益说"的产生是有充分理由的。

首先，《山海经》有地理书的特征，为治水走遍天下的禹、益被认为是对中国上古地理知识最熟悉者。其次，《左传·宣公三年》中有关于"禹铸九鼎"的记载。大禹将百物铸于鼎上的目的就是为了"使民知神奸"，所以禹也被认为是对《山海经》中所见异神和怪物最为熟悉者。在设定《山海经》的作者时，禹就成了不二人选。

"禹、益说"自古以来就饱受质疑。对于"禹、益说"遭质疑的理由，前野认为"最大的理由之一就是《山海经》中有远远晚于大禹的周王先祖等人名和秦汉郡县制度确立以后的郡县名。"① 对于"禹、益说"，前野也提出了疑问，即"先秦书籍中未见《山海经》之名，至汉代司马迁时才在文献中出现。此书如果真是禹或益所作的话，那么先秦时代的书中理应留有痕迹。但是，先秦书籍中关于禹、益巡天下、禹铸九鼎、大禹治水传说等的记录中并没有任何关于禹著《山海经》的记录。"② 那么，这是否是因为至西汉初期的儒家一直遵从孔子"子不语怪力乱神"的训诫？前野发现

---

① 前野直彬訳注：『山海經·列仙傳』（全釈漢文大系/宇野精一、平岡武夫編，第33卷），集英社，1975，第12頁。
② 前野直彬訳注：『山海經·列仙傳』（全釈漢文大系/宇野精一、平岡武夫編，第33卷），集英社，1975，第13頁。

并非如此。因为孔子本身就有博学的异物知识。儒家经典《国语·鲁语》中也有关于"防风氏"这一神话传说的人物。

经过一系列的考察，前野不仅没有发现能够证明"禹、益说"的材料，反而找到许多否定"禹、益说"的材料。那么，《山海经》究竟是何时由何人著成？前野认为不可能找到这个问题的答案，也没有必要去确定这一答案。其理由如下：

> 我推测《山海经》在写成之前，经历了漫长的口头传承时代。传承当然会随着时代的变化而变化，并在某个时期被写成文字。文字化后的内容传给后世的同时，口头传承的内容还在变化着，然后在某个时期又被文字化。这样如此反复，形成了现在的《山海经》。在某个时期将口头传承变成文字的人，与其说可能是无名之人，倒不如说原本就是无名之人的可能性更高。而且，这种无名之人有很多，时代也不同。所以，很难从中找出一个人的人名，也没有多大意义。①

结合现行本《山海经》各经的实际状况，前野总结指出："《山海经》在中国古代漫长的历史中记录了许多无名之人的观念。这一功绩不能归功于某一个人。"②

除前野直彬外，伊藤清司也曾指出："《山经》当然既不是禹、益所作，也不是特定的某一个人对全国的山川进行考察而作。可能由各地的报告集录而成。"③

关于《山海经》的作者，我国学者陈连山在《〈山海经〉学术史考论》一书中对自古以来有关《山海经》作者的各种学说进行了回顾，不仅指出"禹、益说"已经沦为一种古史传说，而且总结指出，"现代学术界

---

① 前野直彬訳注：『山海經·列仙傳』（全釈漢文大系/宇野精一、平岡武夫編，第 33 卷），集英社，1975，第 14 頁。
② 前野直彬訳注：『山海經·列仙傳』（全釈漢文大系/宇野精一、平岡武夫編，第 33 卷），集英社，1975，第 15 頁。
③ 伊藤清司：「山海經と鐵」，『社会経済史の諸問題』（森嘉兵衛教授退官記念論文集），法政大学出版，1969，第 189 頁。

一般倾向于承认：《山海经》非一人一手之作。"① 由此可见，在探讨《山海经》作者这一问题上，中日两国学者的观点是一致的。至于今后在这一问题的探讨上会不会有新的变化，应如前野直彬所言："关于《山海经》的作者，除非有划时代意义的考古学的发现，否则永远都是一个谜。"②

五 《山海经》错简讹字研究

（一）《山海经》错简研究

小川琢治在以日本南葵文库所藏深草本为底本考证《山海经》的时候，错简颇多是他首先注意到的问题。

1911 年，小川在《关于〈山海经〉的错简》一文的开头指出，流传过程中产生的误字错简是《山海经》的记录价值自司马迁以来被怀疑的原因之一。在郝懿行校订的基础上，小川结合《逸周书·王会篇》和《淮南子·地形训》的内容，认为《海内西经》《海内北经》和《海内东经》的错简最严重。由于这些篇目中含有日本、朝鲜、辽东等地的地名，是史家屡次引用的部分，小川决定对这部分内容中明显的错简进行订正。为便于指出错简及订正意见，他在经文前加了序号。例如：

（一）海内东北陬以南者。
（二）钜燕在东北陬。
（三）国在流沙中者埻端玺睆……不为郡县在流沙中。
（四）国在流沙外者……月支之国。
（五）西胡白玉山……皆在西北。

如上所示，小川认为（三）（四）（五）属于西北的地方，不应放在《海内东经》，接在（二）后的内容应是《海内北经》中自"盖国在钜燕

① 陈连山：《〈山海经〉学术史考论》，北京大学出版社，2012，第 2 页。
② 前野直彬訳注：『山海經·列仙傳』（全釈漢文大系/宇野精一、平岡武夫編，第 33 卷），集英社，1975，第 11 頁。

南，倭北。倭属燕。"① 至 "大人之市在海中。"②。小川指出，这部分内容中的大蟹、陵鱼、大鲣等本是《海内东经》图中的动物，应是其所在位置被错误地列入地名中。

关于《海内北经》，小川指出：

> 《海内北经》开头就以 "海内西北陬以东者" 为题，接着却列举了 "蛇巫之山"、"西王母" 等内容，而《海内西经》的后面却列举了 "昆仑之墟在西北" 等等，这里如果与《海内东经》的例子相对照的话，《海内西经》后面的内容必须放在《海内北经》之首。③

之后，小川认为有必要将散落在《海内西经》中的诸章补缀其后，顺序应调整如下：

（西五）高柳在代北。

（西四）雁门山……在高柳北。

（西三）大泽方百里……在雁门北。

（西九）东胡在大泽东。

（西十）夷人在东胡东。

（西十一）貊国在汉水东北……灭之。

（西十二）孟鸟在貊国东北……东乡。

小川认为，这样调整之后，从西北隅到东北隅才算完整，不过之后应再加上《海内东经》中的 "锯燕国在东北陬" 这一节。这样，《海内西经》就只有剩下的内容和《海内东经》的（三）（四）（五），具体如下：

（西一）海内西南陬以北者。

---

① 袁珂：《山海经校注》，巴蜀书社，1996，第 374 页。

② 袁珂：《山海经校注》，巴蜀书社，1996，第 378 页。

③ 小川琢治：『支那歴史地理研究』，東京：弘文堂書房，1928，第 137 页。

（西二）贰负之臣……在开题西北。

（西六）后稷之葬……在氐国西。

（西七）硫黄酆氏之国……在后稷葬西。

（西八）流沙出钟山……黑水之山。

（东三）国在流沙中者埻端玺䍃……在流沙中。

（东四）国在流沙外者……月支之国。

（东五）西胡白玉山……皆在西北。

调整后的《海内西经》显得过于简短。对此，小川认为，"这或许是由于本应在此篇的脱简过多地散佚了。"①

除小川琢治外，神田喜一郎对《山海经》中的错简也有所研究。例如，《五藏山经》中除了《东次四经》以外，各经结尾处都有关于山岳祭祀的方法。对此，神田认为，"《东次四经》可能跟其他诸经一样，但是由于偶然的错简而脱落了。"②

茅盾在《中国神话研究初探》中也有注意到《山海经》的错简问题。"其实《山海经》错简甚多，篇目离合，亦有屡次"③。只是，茅盾并没有对《山海经》的错简问题展开具体的论述，也没有对错简进行尝试性调整。

（二）《山海经》讹字研究

在订正错简的时候，小川琢治也在考证《山海经》中的讹字。关于讹字，小川认为最明显的一例就是前面本应放在《海内西经》中的《海内东经》中的一段，即"国在流沙中者埻端、玺䍃……在流沙中。"④对于"埻端、玺䍃"四字，吴任臣、毕沅、郝懿行都认为是两个国家，小川经过考证，提出不同的观点。他认为，"这四个字中的上面两个字，是同音字的连接，与

---

① 小川琢治：『支那歴史地理研究』，東京：弘文堂書房，1928，第 137 页。

② 神田喜一郎：「『山海経』より観たる支那古代の山岳崇拝」，『支那学』（第二卷第五号），1922，第 29 页。

③ 茅盾：《中国神话研究初探》，上海古籍出版社，2011，第 21 页。

④ 袁珂：《山海经校注》，巴蜀书社，1996，第 379 页。

西汉以来流沙中的一处泉地即有名的敦煌的'敦'字完全没有区别。"① "'玺映'二字亦与'墇端'相同,是相似音的异字的连接。"② "这四个字可以看作是由原本记作'墇(端)皇(唤)'的四字转讹而来。"③

对于《海外经》,小川指出,"最明显的谬误,是《海外西经》末的龙鱼、白民国、肃慎国的位置。"④ 他发现,一般学者根据《逸周书·王会篇》的记载,都认为肃慎国的位置并非在东北陬,而是在西北陬。但是,如果这样的话,根据《逸周书·王会篇》中"稷慎"等诸国的位置,龙鱼、白民、肃慎应在黑齿北,那么,这就会让人怀疑《海外西经》的这部分内容是否为错简。

经过考证,小川指出,"这部分并非错简,而是原经文中就把位置弄错了。"⑤ 根据白鸟库吉(1865-1942)的旁证,小川认为,"肃慎"应为辽东地区的民族。由于《淮南子·地形训》中的这部分内容与《山海经》一致,所以他认为,"肃慎国等诸国的错误应早在刘氏校订之前就已存在。"⑥

六　《山海经》注释研究

从前述小川琢治对《山海经》诸现行本的研究可知,他对清代吴任臣的《山海经广注》、汪绂的《山海经存》、毕沅的《山海经新校正》和郝懿行的《山海经笺疏》都有所研究,但他关注的重点明显在版本,而非注。除小川琢治外,前野直彬也对这些版本进行了仔细研究。与小川不同的是,由于要对《山海经》进行译注,前野更关注各个版本的注释。

关于晋郭璞注《山海经》,前野做出高度评价:

> 郭璞注是有关《山海经》的最古老、最有权威的注。郭璞注充分

---

① 小川琢治:『支那歴史地理研究』,東京:弘文堂書房,1928,第142頁。
② 小川琢治:『支那歴史地理研究』,東京:弘文堂書房,1928,第143頁。
③ 小川琢治:『支那歴史地理研究』,東京:弘文堂書房,1928,第143頁。
④ 小川琢治:『支那歴史地理研究』,東京:弘文堂書房,1928,第144頁。
⑤ 小川琢治:『支那歴史地理研究』,東京:弘文堂書房,1928,第145頁。
⑥ 小川琢治:『支那歴史地理研究』,東京:弘文堂書房,1928,第146頁。

发挥了他既通晓占卜又熟知动植物等知识的特色，不光在字句的解释上，在对内容的补充说明方面，也有许多有用之处。①

当然，前野也指出郭璞注存在的问题："由于时代久远，在流传的过程中产生一些文字的错误和文章的混乱，很难确定哪一个为正确的原文。"②

关于明代杨慎的《山海经补注》，前野认为其有玩弄学问之嫌，并不能算是严谨的注释。关于明代王崇庆的《山海经释义》，前野指出："王崇庆尽可能对正文内容进行合理的解释，遇到无法解释之处，就判断其为不可信或荒唐无稽，对郭璞注也持同样态度。"③ 前野发现，历来注释家在注释时如果不注明"后来添加"都不会对正文内容有所改动，但王崇庆却毫无顾忌地对正文做了不少添加。对此，前野认为，"王崇庆的注释有独创之处，但是这种独创性缺乏确切的根据，大多不过是他自己的想象，不足可信。而且，他所认为的合理的解释也相当陈腐。"④

关于清代吴任臣的《山海经广注》，前野认为其为汇集大量资料的详细注释，但由于所引资料中不仅有唐、宋以后的内容，甚至引用了唐、宋诗作中的例子，在他看来，《山海经广注》"由于罗列了杂而多的资料，尽管注释部分内容较多，起作用的却较少。"⑤

关于汪绂的《山海经存》，前野发现书中可以看到毕沅所注之处，但毕沅的注作于汪绂去世之后。对此，前野认为，"有可能是汪绂的遗稿在流传过程中被后人添加了毕沅注的内容后才被印刷。"⑥ 结合汪绂的生平状

---

① 前野直彬訳注：『山海經・列仙傳』（全釈漢文大系/宇野精一、平岡武夫編，第33卷），集英社，1975，第20頁。
② 前野直彬訳注：『山海經・列仙傳』（全釈漢文大系/宇野精一、平岡武夫編，第33卷），集英社，1975，第20頁。
③ 前野直彬訳注：『山海經・列仙傳』（全釈漢文大系/宇野精一、平岡武夫編，第33卷），集英社，1975，第20頁。
④ 前野直彬訳注：『山海經・列仙傳』（全釈漢文大系/宇野精一、平岡武夫編，第33卷），集英社，1975，第20頁。
⑤ 前野直彬訳注：『山海經・列仙傳』（全釈漢文大系/宇野精一、平岡武夫編，第33卷），集英社，1975，第21頁。
⑥ 前野直彬訳注：『山海經・列仙傳』（全釈漢文大系/宇野精一、平岡武夫編，第33卷），集英社，1975，第21頁。

况，前野指出："汪绂的注释比较简单，或许是由于著者缺乏博览诸多资料的经济能力，虽没有旁征博引之处，但在解读正文的难懂之处花费了不少精力，有见解独到之处。"①

关于毕沅的《山海经新校正》，前野认为此书是运用清代考据学方法研究《山海经》的最初成果，为以后的《山海经》研究奠定了基础。关于郝懿行的《山海经笺疏》，前野认为此书是"《山海经》注释中最详细、最严谨的注释，其后没有超越之例。"② 也正因如此，前野在译注《山海经》时，将郝懿行的《山海经笺疏》作为主要的参考文献。

在考察历代《山海经》注释的同时，前野也对注释者的生平和学问进行了研究。而且，最难能可贵的是，前野不仅分析了这些注释的长处，也留意到这些注释中存在的问题，对各注释者的注释有褒有贬，评价合理中肯。

除前野直彬外，松田稔对郭璞注《山海经》也有所研究。松田稔指出，现存《山海经》诸注释中最早的注释由三至四世纪的晋代郭璞所注，与后世的诸多注释相比，郭璞注更接近《山海经》成书的时代。松田稔以郭璞注的内容为线索，对郭璞注中所引用的文献进行了考察。通过对比《山海经》与郭璞注所引文献的内容，松田稔认为，"郭璞注《山海经》虽然含有很多不可思议的内容，但从其注中能够读出郭璞有意识地将《山海经》视为保留古代传承的贵重记录。《山海经》是因郭璞这一人物而能留存于世的幸运之书。"③

对于郭璞在《注山海经叙》中的"物不自异，待我而后异，异果在我，非物异也"这一记述，樱井龙彦指出："郭璞增广异闻的主旨是为了纠正与《山海经》怀疑论相关的世人的奇异观，注释《山海经》是郭璞实现这一目的的具体实践。"④

---

① 前野直彬訳注：『山海經・列仙傳』（全釈漢文大系/宇野精一、平岡武夫編，第33卷），集英社，1975，第21頁。
② 前野直彬訳注：『山海經・列仙傳』（全釈漢文大系/宇野精一、平岡武夫編，第33卷），集英社，1975，第22頁。
③ 松田稔：「『山海経』郭璞注引書考」，『國學院女子短期大學紀要』（第11卷），1993，第288頁。
④ 櫻井龍彦：「郭璞『山海經』注の態度」（下），『中京大學教養論叢』（第35卷第1號），1994，第26頁。

除此以外，樱井认为郭璞为《山海经》作注还有一个意图，即为百物归类，使彰显"圣贤遗事"的典籍不被历史所湮没。不仅如此，樱井还认为郭璞的这一态度，还与当时盛行编纂类书的风潮有关。

从以上内容可以看出，前野直彬对《山海经》注释的研究涉及不同时代的《山海经》注释文本和注释者的生平等，可谓面面俱到，为其进行《山海经》译注奠定了良好的文献基础。松田稔和樱井龙彦则主要关注郭璞的注释，并对郭璞的思想、态度等进行研究，提出了比较独特的见解。

七　结　语

从日本学者在文献学层面的诸多研究可知，小川琢治的研究最为全面，可以说涉及文献学层面的方方面面。冈本正在《关于〈山海经〉》一文中对小川琢治的研究有如下评述：

> 小川博士从对《山海经》古今本的篇目研究开始，制作了《山海经》古本篇目表，与此同时，还将《山海经》中所见地理知识与《禹贡》等其他古地理书中所见进行对比，断定《五藏山经》的成书年代在战国以前，其作者为东周时的洛阳人。这是远远超过历代中国学者诸说的划时代意义的学说，以后的诸研究几乎都以小川博士的学说为出发点。[1]

冈本正的这段描述虽只提到小川琢治对《山海经》篇目、成书和作者的研究，却道出了小川琢治在文献学层面的研究对中日两国学者所产生的影响力。

"文献学是读书治学的基础学科。"[2] 日本学者从文献学层面对《山海经》的研究涵盖篇目、版本、成书、作者、错简讹字、注释等多个方面，为日本学者在其他层面的《山海经》研究打下了良好的基础。

---

[1]　冈本正：「『山海經』について」，中国古代史研究会编『中国古代史研究』，吉川弘文馆，1960，第383～397页。

[2]　赵国璋、潘树广：《文献学辞典》，江西教育出版社，1991，第1页。

20 世纪马克思主义文艺理论在越南的传播及本土化策略

吴越环　　阮登叠[*]

摘　要： 马克思主义文艺理论从其诞生至今，已成为 20 世纪最为重要的文艺理论思潮之一。对于以马克思主义为核心价值观及发展导向的越南，马克思主义文艺理论对于越南文学的现代化转型及弘扬越南本国传统特色和革命精神发挥着极其重要的作用。本文通过对马克思主义文艺理论在越南的早期传播状况、主要发展特征及其本土化策略、在南越的传播及其主要特征三大方面进行全面梳理和深入探索，总结出马克思主义文艺理论在越南的接受和传播状况及其主要特征。

关键词： 马克思主义文论　越南文论　现代文论　本土化策略

1945 – 1987 年是越南文论较为漫长也是非常重要的发展阶段。从文学史的视角上来讲，可以将其划分为多个小阶段，如 1945 年 8 月至 1954 年抗法战争胜利结束阶段；1954 – 1964 年北越进入社会主义建设阶段；1965 – 1975 年抗美战争、解放南越、统一国家阶段；1976 – 1987 年越南进入社会主义建设至革新开放阶段。在这 40 余年的时间中，越南民族在越南共产党的全面领导下成功打败了世界两大帝国、解放民族、统一了国家且选择了社会主义发展道路，成为世界社会主义国家队伍中的一员。在这样的社会政治背景之下，接受马克思主义及其美学、文艺理论成为越南文学

---

* 吴越环，南京大学历史学院博士后，研究方向为中越文论比较；阮登叠，越南社会科学院文学研究所研究员。

唯一可以选择的发展路径。

虽然马克思主义文艺理论是由马克思主义经典作家总结出的关于文艺的社会职能、发展规律、特征和本质的基本原理，但由于各国的独特本土文化和历史环境等存在差异，被选择、运用和发展的原理也存在不同之处，因此形成了经典马克思主义文论、西方马克思主义（马克思主义学）、旧马克思修正主义和新马克思修正主义等不同的发展倾向。甚至在苏联，斯大林时代和后斯大林时代的马克思主义核心价值观也大有不同；在中国，不同时期的马克思主义的基本内容和发展趋向也有所不同。本文通过对马克思主义文艺理论在越南的早期传播状况、发展特征及本土化策略、1954－1975 年阶段马克思主义文论在南越的传播及其主要特征三个方面进行梳理和分析，总结马克思主义文艺理论在越南的接受和传播状况及其主要特征。

一　马克思主义文艺理论在越南的早期传播

1955 年，越南的文艺出版社出版了由楠木译介的"马克思主义文艺理论丛书"《毛泽东论文艺》一书。在马克思主义文艺理论在越南的接受与传播史上，这本书有着重要的地位。因为这本书的核心观点和价值观对越南文艺指导思想的形成和文艺理论建设都有着较为深刻的影响。其实，毛泽东在延安文艺座谈会上的那两篇讲话记录，早在 1949 年就被译成越南文，只不过传播范围较小而已。《毛泽东论文艺》中所谈到的文艺的职能，以及作家本分、政治与文艺的关系、改造思想、解放思想等重要思想都被越南文艺界全面学习和运用。《毛泽东论文艺》在越南马克思主义文艺理论库藏中之所以有着重要地位还在于，它是越南文艺史上第一本被译介和传播的马克思主义文艺理论作品。从 1960 年起，经典马克思主义文艺理论作品如弗莱维勒的《马克思、恩格斯、列宁与文艺》《马克思、恩格斯、列宁论文艺》等均被翻译为越南文并很快成为越南唯一的文艺指导思想。文艺的党性、阶级性，文学的现实性等文艺思想对于越南文论生活有着深刻的影响。需要强调的是，翻译、介绍和接受马克思主义文艺理论的诸种形式主要出现于北越时期的 1955－1980 年。在这一时期，虽然马克思主义文艺理论的专著出版数量不多，但和其他非马克思主义文艺理论著作相比可以说已经占了上风。非马克思主义文艺理论专著也被译介，但数量较少，而且主要是作为批判的对象，以此赞扬马克思主义文艺理论的合理性和进步性。在这一阶段，马克思主义文论翻译和传播的最大特点在于，不是世界上所有马克思主义文艺理论的专著及相关文章都被越南翻译和接受，马克思主义文艺理论的专著及相关文章在越南的翻译主要来自苏联和中国，并要经过文艺主管部门的严格审查。非马克思主义文艺理论家，如匈牙利学者卢卡契、法国学者戈德曼、德国学者本杰明、英国学者考德韦尔等人关于马克思主义文艺理论的专著在越南并没有被翻译和传播。可见，马克思主义文艺理论在越南的译介和接受并不全面和系统，实用性强，也十分片面，这也导致越南文艺界在文学创作、文艺批评方面无法自由、全面发展，对马克思文艺理论的认知和阐述存在局限性。

除了经典马克思主义文艺理论的相关著作之外，有关外国作家的创作经验等作品也成为越南文坛翻译和介绍的重点。虽然这种图书并不专门谈论文论体系或文论范畴，但当作家们谈论他们的创作经验时，也常概括出其对文学体裁、创作对象与方法等问题的看法。因此，通过阅读这些参考书，越南文论家也能从中找出适合越南本国文学实践的可借鉴之处或发展模式。从某种意义上来讲，这种图书在越南的译介与推广确实也发挥了较为重要的作用。20世纪60年代，中国作者吴强等人的《谈谈小说、散文的写作》，杜印、刘相如、胡零等人的《话剧老剧本——在新事物的面前》，苏联作者鲍里斯·尼古拉耶维奇的《记事写作》、伊利亚·爱伦堡的《作家的工作》等成为越南文坛的关注热点。此外，还要提到由怀蓝和怀莉翻译的《写作经验》两卷本，分别出版于1967年和1968年。不过，对这一阶段越南作家有着较为深刻影响的应该是苏联作家马克西姆·高尔基的《高尔基论文学》，其关于作家的阶级立场、现实主义与浪漫主义、现实主义的典型化、作家的经历及想象力对于文学创作的作用等问题的核心思想几乎成为越南文艺理论的指导思想。高尔基的文艺理论思想被越南文艺理论家们看重，甚至不亚于马克思主义文艺理论，就在仅仅不到20年的时间里，几乎高尔基所有的作品和文学批评论文都被翻译成越南语。高春浩、红名对于高尔基作品在越南的译介与传播工作做出了重要的贡献。

在这一阶段，第三种被积极翻译和推介的书籍是苏联大学文学系使用的各类文学理论教材。这些教材成为越南，特别是北越各所大学文学系的主要参考资料，同时也是越南文论家们在建设越南文论体系过程中的主要借鉴材料。对于大部分六七十年代的越南文学系学生们来说，文艺理论的主要参考书几乎只有阮良玉的《文学理论》以及列弗·吉莫弗耶夫的《文学理论原理》两本。后来，苏联社会科学院的《马克思、列宁美学原理》和《美学的基本范畴》等专著才依次被黄春二等人翻译成越南语。可以说，在这一阶段，越南高等教育系统所编撰和使用的文学理论教材几乎都借鉴了上述几本教材并根据越南实际情况总结而成的。这一阶段的文论书籍基本上可以分为两种：第一种专门讨论文学理论的基本原理，如党性、人民性、阶级性、文艺的本质与职能等问题；第二种则深入讲解文学的基本特征，如文学与现实、内容与形式、结构与语言等问题。很明显，这样的文论体系结构是全面参考和模仿列弗·吉莫弗耶夫的《文学理论原理》的。80年代，尼古拉·古利亚耶夫的《文学理论》和《文学研究引论》也被黎玉新、陈庭史、赖元恩、黎玉茶等人翻译成越南语，越南文艺理论库藏也因此变得更加丰富，文学理论教程的编撰工作也有了更多的理论依据和参考模式。

除了上文谈到的三类书籍之外，以马克思主义文艺理论为指导思想的文学研究及文艺理论专著也被翻译和介绍。虽然这类书籍被翻译的数量不多，但对越南马克思主义文艺理论的形成与发展具有重要意义。其中，黄玉献、赖元恩、阮海河等人翻译的苏联社会科学院院士鲍里斯·斯诃夫的 *Исторические судьбы реализма*（《现实主义的历史宿命》）、苏联社会科学院院士 Mikhail Borisovich Khrapchenko 的《作家的创作个性与文学的发展》《文学理论与创作过程》《世界观与创造力》《文艺创作、现实、人类》等专著均成为这一时期越南马克思主义文论的重要成果。这些专著的含金量高、作者的学术地位高以及越南语翻译版的成功使其很快成为越南文坛上的重要参考书籍，同时也促进和加快了马克思主义文艺理论的发展。

十月革命的枪声把马克思主义带进了中国。"五四运动"除了提倡反帝、反封建之外还把民主思想和科学精神引入中国，同时也引进了包括马克思主义文论在内的马克思主义理论。和中国的情况不同，虽然十月革命对越南几乎没有产生任何影响，但越南爱国者在寻找救国道路的过程中也遇上了马克思主义。1920 年 7 月，通过法国刊物 *L'Humanité*（《人道报》），阮爱国阅读到了由列宁撰写的《民族和殖民地问题的提纲初稿》，后来他又到了苏联、中国广州，最后于 1927 年编写了《革命之路》一书。从苏联求学回来的陈富、黎红风、何辉习等人成为越南第一批无产阶级革命运动的种子。此外，潘文长、阮世传、阮安宁等人也积极推介马克思主义，陶维英甚至译介了《共产党宣言》一书。但大部分越南知识分子都把马克思主义当作一种革命意识形态来接受和传播。对于越南共产党人来讲，1945－1985 年这个阶段的主要历史任务就是解放人民、统一国家并进行社会主义经济社会的初步改造和建设。这一路线已被越南共产党中央明确指出，包括只接受和传播苏联及中国的马列主义，批判修正主义、唯心思想等非马克思主义的思想流派。

综上所述，马克思主义在越南的译介与传播主要通过两个路径：一是越南领导人对马克思主义政治、思想的接受；二是越南作家、文艺理论家和翻译家对马克思主义文艺理论的接受。一方面主要接受有利于国家政权管理、治理等的相关内容；另一方面则选择接受与文艺有关的观点和思想。

关于马克思主义文艺理论的接受与阐释，海潮被看作越南文坛第一个提出和谈论文学与生活的关系、文学的发展伴随经济社会发展的规律、文艺表现阶级意识等马克思主义理论范畴的学者。1944 年在《文学概论》中，邓泰梅提出并系统和客观地讨论了文学与现实的关系、阶级立场与创作方法、作家个性与反映现实、内容与形式、典型与个性、自由创作、民族与国际等马克思主义文艺理论涉及的问题。不过这只是越南学者对马克思主义文艺理论的接受与阐释。

越南官方对马克思主义的认可及接受开始于 1943 年由长征编撰的《文化提纲》。在这份文件中，长征提出马克思主义新民主革命的基本原则。文件强调新民主革命文化事业的重要任务就是让唯物主义、写实主义赢得胜利，打败所有奴役文学及败坏的文艺流派。此外，《文化提纲》也肯定了民族化、大众化和科学化等方针的正确性和重要意义。长征的这一文件很明显是接受了苏联及中国马克思主义初期发展阶段的核心思想。除了几封胡志明亲自给文艺工作者、文化干部工作者写的信之外，长征的《马克思主义与越南文化》（1948 年）、素有的《建设人民文艺》（1949年）等专著的出版也反映出，越南共产党已经站在马克思主义的立场上去创建国家层面的较为全面和具体的文化、文艺指导思想。从《马克思主义与越南文化》中可以看出，长征已超越了自己从前对文化和民族文化的理解，同时反映出长征接受和学习了苏联和中国的做法，并且进行改造使其能够更好地运用于越南社会。正如胡志明所总结的，政治涵盖了文艺，文艺是一个阵线，文艺工作者同样也是战士，而文艺创作则是他们锋利的武器，因而文艺创作应站在党的马克思主义立场上，由党领导，为建国抗战政治事业贡献出自己应有的力量。从 1951 年越共党中央第二次大会到1954 年，越南所接受与传播的马克思主义思想主要来源于中国，但翻译作品数量并不是很多。1954 年至 60 年代初，越南开始翻译马克思、列宁、斯大林的经典作品以及唯物主义、辩证唯物主义等马克思主义文献，包括俄罗斯的苏联文学史及文化、语言、美学、文艺理论等专著和教程，以及中国的毛泽东、陆定一等共产党人对马克思主义的理解和阐释等文献。1954 年至 60 年代初这一阶段，翻译苏联和中国的理论书籍在越南的出版量日渐增多，包括经典书籍和文艺理论以及马克思主义入门等文献，如《毛泽东论文艺》《马克思、恩格斯论文艺》《马克思主义与语言研究问题》《马克思、恩格斯论艺术》《百花齐放，百家争鸣》《什么是社会主义现实主义》《艺术形象》等。

越共党中央第四次大会之后，越南中央宣训部举办了多场关于文艺创作及其指导思想的讨论，讨论内容主要围绕以下四个主题：在新革命阶段文艺创作的地位及作用；文艺如何反映新生活、新人民形象；文艺创作需不断提高文艺的党性；文艺创作需反映社会主义内容和弘扬民族特征。1964 年，在越共党中央政治局领导下，出版了由胡志明、黎笋、范文同、武元甲、阮志清编撰的《论文化文艺》一书。1973 年，出版了素有的《努力建设不愧于我国人民及新时代的使命之新文艺》一书。随着这两本书的出版，越南共产党的马克思主义文艺理论建构日趋完善。另外，何辉甲、何春长、陈度等其他越南领导人对马克思主义文艺理论的讨论也使越南共产党对于文艺工作的指导思想日臻完善。

在南越的解放民族统一国家的伟大事业取得胜利之后，越南民主共和国正式更名为越南社会主义共和国，在越南共产党的全面领导之下，越南文艺理论界仍然保留着前期阶段马克思主义文艺理论的独尊地位。这种情况延续到1986年，当越南进入全面改革开放阶段后才有所改变。文学的党性、创作与批评、民族与国际、传统与革新、反资本主义思想和修正主义、批判南越的新殖民地文学等问题成为1975-1986年阶段越南文论界的讨论热点。讨论主要围绕如下内容：文艺理论在不同的发展时期会出现多方面的热点问题，但最核心的观点仍是文艺是社会意识形态的表现、文学反映现实、文学从属于政治、文学创作是阶级斗争的重要工具、文学服务于党的政策路线、文学不能偏航更不允许与党的发展路线背道而驰等。文艺批评工作因此被看作一种政治任务，属于政治领域。这种严格的监管也是为了让文艺能够更好地体现政治职能，使之为党领导的民族解放事业和社会主义初步发展建设做出自己应有的贡献。该观点基本上与苏联和中国相同。1954年至60年代，越南借鉴中国的做法，主张反对和批判修正主义，但60年代末至革新时期，更偏向于学习苏联的文艺理论。在60年代初，越南主要引进并推广了关于中国马克思主义文艺理论有关的文献，60年代末至80年代，却只翻译和推广了苏联的马克思主义文艺理论作品。

在越南高等教育中，马克思主义文艺理论学科的建设始于阮良玉的《文学原理初讨》（1958年）、《文学原理的几个问题》（1962年），随后他还编撰并出版了《文学理论基础》（1965-1968年）。1962年，河内综合大学出版了由何明德、李廷暨编撰的《文学作品》《文学类体》《文艺方法论》三本文艺理论专著。1967年，文学研究院团队也出版了《文艺理论》，1978年，该研究院又出版了《文学、生活、作家》一书，专门谈论文学理论概论等有关问题。1980年，河内师范大学和河内综合大学联合编撰了《文学理论基础》。此外，也是在这一阶段，武德福编撰和出版了《文学研究方法论》和《文学中之思想斗争历史》两本专著。总而言之，在1954-1986年，越南几乎所有文艺理论教程都严格按照越南共产党的指导思想及越南文学的实际情况编写，但均借鉴和模仿了苏联及中国文艺理论教程的主干内容和结构，从中可以看出越南学者对文艺理论学科建构的努力，只不过他们的成就较小，政治痕迹过于明显。

二　马克思主义文论作为北越文坛的核心价值观及其本土化策略

虽然苏联和中国的马克思主义文艺理论对越南的影响深远，不过在接受和运用的过程中，越南学者根据越南的实际情况也进行了合理的改造和创新。比如关于文学创作与实践关系问题，红章认为，现实是文学的根源，文学反映现实因此应常常提醒和组织文艺创作者进行实践考察，让他们能够更好地改造思想和更有效地创作。这种表达方式与中国和苏联还是存在差异的。关于新文艺的基本特征，斯大林的说法是具有社会主义内容和民族特色的形式。在1957年越南第二届文艺大会上，长征将其表述为社会主义内容与民族性质。关于党性原则的问题，列宁认为任何人都不能违反党性原则，而长征则把它具体化为作家的党性和作品的党性。长征也努力指出自己对典型化、诗歌等问题的看法。越南马克思主义文艺理论萌生较晚，因此在其整个发展过程中，学习和借鉴苏联和中国的马克思主义文艺理论并受到其深刻的影响也是可以理解的。

但纯粹接受和运用苏联、中国的马克思主义并不能完全解决越南文艺生活所面临的问题。越南文艺工作的不断发展要求文艺理论领域的学者们进一步深入探索和讨论。在《文学研究》杂志上，除了介绍和推广苏联和中国的马克思主义文艺理论之外，越南学者还提出并深入讨论了诸种问题，如越南革命文学中的理想化、丑化的写法；传记体裁、传记中的虚构；如何编撰文学史；如何创作英雄人物典型；文学的党性等。不过当时越南学者所发表的几乎所有论文都以马克思主义文艺理论为核心价值观，以社会主义、现实主义创作方法为主要方法论，并把它当作人类发展史上最伟大的成就。例如，何明德、南高的《杰出现实主义作家》（1961年）、李廷暨的《〈金云翘传〉与阮攸之现实主义》（1966年）、杜德育的《西方文学中之批判现实主义》（1981年）、《阮攸时代之现实主义》（1981年）、阮德谭的《批判现实主义文学之几个问题》等。对于浪漫主义文学，除了浪漫革命文学之外，其他都被看作远离生活、脱离现实、具有潜在危害的作品，潘炬第的《新诗运动》一文专门谈论和批判了新诗存在的上述问题。文学体裁研究是较少被提及的研究领域，但越南文坛上也出现了几本较有参考价值的研究专著，如潘炬第的《越南现代小说》（1974 年、1975年），何明德的《越南现代诗歌》（1974 年）等。潘炬第的研究专著从创作方法视角来进行各类相关的考察和研究，其中，他把注意力放在现实典型创作方法和浪漫主义典型创作方法上思考问题。何明德的研究则主要考察诗歌与现实生活的关系。西方现代主义的各种思潮流派基本上均为当时越南文艺理论界的批判对象。而研究和肯定革命文学、现代小说和现代诗歌，大部分都是出于肯定革命文艺倡导的理论的目的。由于被当时的战争环境和革命文学任务所限制，越南文艺理论界几乎没有探索新问题、做出新发现或建构新理论体系，反而在多种情况下，各类理论问题被简单化、庸俗化，如把题材、主题、体裁等都看作党性的表现，无意中把文学等同于宣传，使其变得单一，缺乏文艺作品本身应有的活力。

越南马克思主义文艺理论存在的问题就是把文学创作等同于政治工作，认为它是政治的锐利武器，把题材、冲突、人物等文学创作范畴都放在政治的活动范围之内，把内容限定在赞扬制度、赞扬制度所建设的新生活、创作各类革命英雄和伟大领袖的形象等方面。这种情况使作家们无法自由创作，作家无法发挥自己的艺术想象力，反而要跟随社会中的各种运动，寻找现实生活中的各种雏形。这种情况无意中把文学的艺术形象淡化，文学作品更像媒体报道，信息量虽然很大，作品却缺乏艺术灵感，无法感动读者。过于极端或片面地接受和阐释文学与现实、文学与政治的关系等问题，从某种程度上来讲已经违背了文学的自然发展规律。

只接受来自苏联和中国的马克思主义文艺理论也就意味着越南全面拒绝甚至反对唯心主义、修正主义等非马克思主义及资产阶级意识形态的其他思想潮流。在越南党中央的文件之中，从 1943 年的《文化提纲》到后来长征、素有等领导人的著作，再到各高校文学系中的文学理论教程或研究专著，批判非马克思主义思想流派一直都是越南文艺理论界的重要任务。60 年代的《人文佳品》文案可以看作越南反对非马克思主义文艺思潮中最为典型的事件。1957 年，文新、阮洪峰出版了《反对张酒非无产阶级立场之文艺观念》；1959 年，实事出版社出版了由长征和素有编撰的《人文佳品在舆论法庭面前》；1964 年，素有出版了《批判现代修正主义》，也以反对和批判《人文佳品》为主要目的。分析《文学研究》可以发现，该刊物从诞生起，除了译介和传播苏联、中国马克思主义文艺理论之外，中国文学的运动和发展情况也成为大部分论文的主要研究对象。批判自然主义、现代主义等非马克思主义的文艺理论和发展流派也是《文学研究》的重要任务。从1962年起，黎庭暨的《文艺方法论》及有关问题也成为该刊物的讨论热点。此外，该刊物还出现了多篇批判某些文学作家或作品缺乏党性的文章，如武辉心的《旷工》、黄进的《朝露》、何明尊的《入世》等作品被看作缺乏无产阶级立场，受到文学界的极力批判和反对。除此之外，《文学研究》还登载了多篇批判结构主义、存在主义和所谓"南越反动文学流派"，批判新殖民地文化等的文章。由越南作协主办的《文艺报》情况也基本相同。

另外，越南文坛也出现了多本专门针对和批判非马克思主义文艺理论的研究专著，如阮德福的《论文学研究方法论》（1973年），黄春二的《一些国家文艺中的现代修正主义现象》（1974年），杜德晓的《批判存在主义文学》（1978年），黄征的《西方文学与人类》（1971年），吕方的《美国对南越之文化和思想的侵略》（1981年），陈重登坛的《美国新殖民地文化的毒害》（1983年）、《美国的新殖民地文化》（1987年）、《南越文化文艺（1954－1975年）》，黎庭暨的《美国侵越时期的文化思想回顾》（1987年）等。上述研究专著都提出并确立了一种无法超越的思想边界。由此可见，这种偏见和极端态度在越南这一时期有多严重。

从1979年下半年起，《文学研究》和《文艺报》上开始出现新信号，如黄征翻译和介绍了通信理论，王志闲翻译了巴赫金的理论著作，介绍了苏联的诗学研究，黎山、张登容、阮文民介绍了比较文学，阮来提出和讨论了文学与语言的关系等有关问题并介绍了接受理论，赖元恩介绍了结构主义，陈庭史发表了诗学研究文章《金云翘传中的时间艺术》，潘玉也发表了一系列运用结构主义理论的研究论文，陈氏梅介绍了西方现代主义等。认可和接受西方现代文论的新趋势开启了越南文艺理论的新征程。1979年，黄征出版了《符号、意义与文学批评》，表达出对西方现代文论的新态度及新观念。马克思主义文艺理论与西方现代文艺理论的隔离墙也开始慢慢地被推倒，越南文艺理论的新时代即将开始。几年后的1986年，越共党中央第六次大会提出松绑、革新，越南民族文艺理论的革新、现代化、多元化进程也从此正式开始。

总的来讲，在越南共产党的领导之下，越南坚持仅接受来源于苏联、中国的马克思主义文艺理论，坚决反对和批判所有非马克思主义、非无产阶级立场的文艺理论，肯定文学从属于政治、文学是阶级斗争的重要武器的思想，越南文学由党领导，反映革命现实生活，具有党性、人民性和民族性。从某种意义上来讲，越南共产党加强对文艺的领导，从而诞生了一批越南革命文学作家，为越南人民抗战和解放事业做出了重要贡献。但党的"左"倾路线过于强调党性及个人崇拜主义，使党的文艺理论变得越来越单调、教条化甚至极端化，也限制了越南民族革命文学的自然发展。抗美战争胜利结束之后，越南走进和平时代，战后各类需要处理和重建的问题使党的文艺理论无法适应新时代的文艺生活。虽然越共继续坚持对文艺领域的领导，但随着社会、经济的革新，文论工作有了进一步的发展，前期阶段的极端问题也被重新认识。马克思主义文艺理论虽然仍然是越南文艺生活中较为重要的理论，但不再是唯一和独尊的文艺指导思想。现代西方文学在越南的译介与传播使该国文艺理论变得更加活跃和更具活力。

三　1954－1975 年阶段马克思主义文论
在南越的接受及其自由化发展

1954 年，在越南共产党的带领之下，抗法战争取得胜利，北越正式走进社会主义建设的新征程。然而，越南人民又经历了长达 20 余年的抗美战争。从文学史的角度来讲，在美国侵略者及南越政府统治的情况下，马克思主义文论如何在南越传播并发挥什么样的作用非常重要，因为它在南越的传播与应用不仅代表南越文论的现代化程度还体现出越南文学的爱国和革命的特点，其最大的任务就是坚持民族文艺革命，反对新殖民文学以及侵略者所保护的各种反革命、反民族的文学运动。越南马克思主义文艺理论家强调文学最重要的使命应该是弘扬爱国精神和民族自豪感，以及反压迫、反侵略，为民族自由和国家统一的伟大目标而斗争。因此，在南越爱国文艺队伍、革命文艺队伍之中，出现了一部分文艺理论家选择以马克思主义文艺理论为主要指导思想，并很快就成为译介和推广马克思主义文艺理论的先锋队伍，文学作为打破侵略者统治阴谋的重要工具具有了新的意义。

南越马克思主义文艺理论的萌生与快速发展也意味着爱国文学和革命文学创作的日渐成熟。在马克思主义文艺理论家队伍之中，有一批不仅对该文艺理论流派的发展有着较为重要的贡献，而且对整个南越文学生活的革新与现代化进程发挥极其重要作用的文艺理论家，他们是武幸、吕方、阮重文、陈赵律、姑青言、李元忠等。其中，武幸的表现最为突出。他在多家权威期刊上发表了多篇具有学术价值的论文，同时出版了多本研究专著，包括《再次阅读阮攸的〈金云翘传〉》《谈论文艺》等。在武幸的整个文艺理论事业之中，《再次阅读阮攸的〈金云翘传〉》可以说是他成就最大、影响最为深刻的研究专著之一，其独特的研究视角、解读思路以及个人批评风格都给热爱《金云翘传》的公众留下了美好而深刻的印象。《再次阅读阮攸的〈金云翘传〉》也反映出武幸无穷的创造力及敏感、锐利的洞察力和理解力。武幸在这一专著中所提出的问题给读者带来了独特和新颖的想象空间，其中，"翠翘的孩子""天才失手之辞海""金云翘传中之爱情面孔"等都是越南文坛对于《金云翘传》独一无二的探索与理解。1954–1975年，南越文坛关于《金云翘传》的研究成果不仅有武幸的几本专著，还有陈清侠的《如何解决断肠新声中的矛盾》、元莎的《阮攸在自由的路程上》、阮文忠的《〈金云翘传〉文案》等。但武幸在《再次阅读阮攸的〈金云翘传〉》中采用几乎前所未有的视角和方法解读阮攸及其作品。从某种意义上来讲，武幸是越南文坛上第一位采用马克思主义文艺理论重新认识和理解越南作家和作品的文艺理论家。武幸从社会学的角度出发，分析翠翘半世坎坷的悲伤故事，他认为想要拥有幸福、维护真爱，唯一的办法就是不断斗争，而且不仅要为自己的爱情斗争，还要为建造更美好的社会生活而斗争。因为只有活在一个健康的社会之中，那种理想的爱情才能开花结果。

除了《再次阅读阮攸的〈金云翘传〉》之外，武幸的马克思主义文艺理论专著《谈论文艺》也受到当时南越文坛的追捧。在这本专著中，武幸以马克思主义文艺美学为核心价值观，提出并深入讨论了如下几个问题：

文艺作为社会的一种意识形态，文艺如何发挥作用，文艺反映现实的本质等。在《文艺生活中的几个消极表现》一文中，武幸以文艺反映现实为主要观点，极力反对和批判当时南越文学脱离现实的特征。"脱离现实并选择沉迷在创作言情小说中的各种爱情故事的做法、或沉默在以往的各种怀念和回忆以能暂时忘掉现实中所发生的各种惨剧和悲摧、或将自己隐藏于各种躲避现实生活的姿态或各种落后的哲学观念之中是一种无奈的脱离，是助力于一种糊涂和古怪即将出现的文化现象……"武幸认为，以上现象使南越文学生活变得枯槁、散漫、缺乏活力，也对文学爱好者产生了各种不良的影响，使他们在某种程度上减少了对自我的信任，把读者身上正当的热情变成了肤浅和荒唐，创作出各种玄虚的文学形象，使读者沉迷于其中而不敢面对现实生活。从此，武幸确定了文艺创作者的责任，即文艺创作者要彻底意识到自我的使命，要和百姓站在同一阵线上，与他们为民族自由和国家统一而共同斗争，那就是文艺创作者的荣光之路。

除了上述两本优秀的文艺理论专著之外，作为文学与媒体阵线的战士，武幸还重视研究诗歌、短篇小说、长篇小说、现代戏剧、文学考论等文学体裁，其中最值得一提的是关于杜促湾三部小说——《梦姨》《虚像之季》《过来者》的评论，关于山南《金瓯林的香味》《杜鹃下土》《以往的影子》的文艺评论等。在对山南的文学作品进行评论时，武幸除了有一些非常独特的发现之外，还有意设置了各种隐喻以唤醒读者的爱国情怀和民族精神。

在戏剧方面，武幸在1962年专门选择对武克宽的《成吉思汗》和闫春红的《第十位远客》这两部较为出名的戏剧进行全面评价。

武幸的大部分文艺评论文章都以反对非民族、非人本文学为主旨，强调民族自豪感和爱国精神以及文艺创作者对现实生活，特别是对民族命运的重要责任。武幸的这一文学观念从某种意义上来讲成了当时南越文学生活的亮点，有利于民族的解放和国家的统一。因此，对于自己的文艺理论事业，武幸说："对于我来讲，十几年执笔生涯中的最大变故就是走进文艺理论领域。那是一份既有趣又十分危险的工作，不仅给我带来了许多亲朋好友乃至敌人，还带来了许多无法忘记的经历。"

除了武幸之外，吕方也被看作1954－1975年阶段中较有影响力的具有马克思主义倾向的文艺理论家。与其他马克思主义文艺理论家一样，吕方坚决反对受美国殖民者和西贡政府保护的各种半洋半土、非民族精神的文艺理论，同时积极在知识分子队伍中弘扬爱国精神以及革命意识。因此，他向所有反民族、反人民、破坏传统道德价值的文艺作品宣战。在 1966 年 7 月 2 日出版的《文学新闻》上，吕方发表了《阿属——一个农民家的孩子》，文章中他极力反对胡友祥，认为胡友祥创作的大部分文学作品都背离了民族精神，鼓吹外来文化。1967 年 10 月 15 日，吕方在《文学新闻》上发表了《女人，男人》一文，明确指出明德、怀贞的腐化堕落。他还发表了《无穷之夜》，对黎宣错误的文艺思想表示强烈反对……不过吕方锐利的笔锋和强烈的批判意识在对阮氏黄的《学生之爱情》以及周子的《爱》《活》《乱》《钱》《吃醋》等系列文学作品的批评中表现得更为明显。

吕方对《学生之爱情》一文的批判观点可以看作他对这部小说的文艺政治的总结。吕方从该作品的多个方面进行了详细分析和批评，给读者带来了一种较为典范的文艺接受方法。吕方对阮氏黄的这一作品评价十分严厉，读者几乎无法找到一处其对这一小说的赞扬，批判和斥责论调非常狠辣。吕方甚至把《学生之爱情》看作南越文学生活中的一种毒品，对他来讲，这种文学作品对当时的青少年具有无法想象的危害。

周子的《爱》《活》《乱》《钱》《吃醋》等文学作品引发了南越 60 年代图书市场上的畅销现象，该作家也因此成为南越文学界的讨论热点。不过，对于吕方来讲，这些文学作品从文艺本体论和审美观的角度来讲并不具有太多艺术价值。吕方评论道："作为市场上的一种文化品，其离不开销售价值的构成元素，那就是各种夸张的宣传和广告。"同时，吕方认为周子的小说只不过是当时南越文艺生活中非常普遍的现象，即"兰斯艺术流派"的一种拙劣表现而已。

除了那些专门批判反革命文学和背离民族传统文化道德的文学现象的文章之外，吕方还发表了多篇宣扬民族自由和爱国精神的佳文。在《石头重生做人之杨俨贸》一文中，通过对杨俨贸的人物系统进行分析，吕方指出："那是年轻人的世界，或许说那是失去青春之人的世界。在他们的世界中，没有欢笑、没有歌声，只有各种忧伤与折腾。"吕方感受到一个充满怀疑、失落、叛逆、孤独的世界，没有历史、没有家庭、没有故乡。

除此之外，吕方还编写了《论文艺的几个问题》的文论专著，书中表达了对于"销售文学""吴朝九年时间中之脱离现实的文学现象""民族文化问题""关于文艺评论的个人看法""战前文艺"等南越文艺理论问题的思考。在"关于文艺批评的个人看法"中，吕方极力批判了广告批评倾向，特别是一些故意把文学作品中的某些句段或某些环节单独摘取出来以更好地阐释西方现代文论之存在主义的思想，甚至包括他们并没有把握好的观念和思想。随后，吕方陈述了自己的文艺批评观点，即把文学批评和现实生活联系在一起，从各种联系中去探索和研究文学作品，而不是把文学隔离在其所出现的生活背景之外。除此之外，吕方也指出文学与政治、哲学等的联系。他认为，艺术并不是政治或哲学，因为艺术给读者提供的是美感形象而不是系统化的概念；文学批评因此不能依靠或局限于任何思想的价值观来评价文学作品。

与武幸和吕方不同，作为一名哲学教授，阮重文的马克思主义文艺理论具有明显的哲学思维。阮重文的《范维如何死去》被认为是当时南越文学生活中影响最为广泛和深刻的文论专著。该书主要针对当时南越社会生活中具有广泛影响的音乐家范维及其音乐作品展开相关探索和评价。南越当时较为权威的研究刊物《文学》甚至还用了一整期来刊登武平、黎正中、阮文忠、三益、上士、释满觉等南越最为权威的学者有关范维的文章。因此，虽然阮重文的《范维如何死去》是专门针对范维的音乐创作事业而写的，并非文学研究，书中作者所提出的问题却与当时南越文艺理论生活联系紧密。正如作者所指出的，谈论范维是一件非常困难和敏感的工作。题材上虽然是纯粹谈论文艺，但也躲不开要面对和谈论关于政治、历史的问题（如抗战、外邦、民族、美国人等），因此非常容易被扣上大帽子。

在《范维如何死去》中，阮重文明确提出了自己给这本书起名的想法："这里的'死'字可能会让很多人感觉不舒服，认为我在诅咒范维。我们没有那个意思，也不相信纯念经可以带来和平或只要诅咒就可以使一个人真的死去。这里的'死去'意味着一种脱离，背叛自我的理想，背叛解放民族的伟大事业，躲避为和平、自由、品格的斗争过程中所带来的各种痛苦与牺牲。'死'也可以看作执着于虚无地活着，脱离现实，沉迷在各种困惑、错想、假扮而无法自拔。"对于阮重文来讲，这种考究是为了确定范维在整个越南文艺史上的地位，特别是在把范维与爱国、进步的文艺队伍放在一起比较时。范维虽然是一位有才华的音乐家，但由于他背离了越南民族的抗战事业，因此不是一位民族的艺术家。阮重文认为，越南民族目前的实际情况是要尽全力为独立、主权、和平和统一斗争。当一位文艺创作者不参与整个民族的抗战生活之中、不共享对民族自由的渴望精神，也没有为其理想而创作和斗争，那么他就配不上"民族艺术家"的称号。阮重文的这一观点成为当时南越文学生活区分爱国、爱民族的"真正艺术家"和"伪造民族情怀的艺术家"的标准。

除了《范维如何死去》之外，阮重文还撰写了其他文艺批评文章或专著，如《陈善道的文艺观念是否存在二元问题》《文学家与知识分子》《文艺创作者的各种幻想》等。在这些文章中，阮重文一方面提出了自己的文艺观念，另一方面也批判了南越文学生活中出现的各种病症并指出了治疗方法。可以说，阮重文与武幸、吕方共同组成了南越马克思主义文艺理论的主力队伍，对整个南越的文学生活和马克思主义文论倾向的发展做出了非常重要的贡献。

除了上述文艺理论家之外，坚持南越马克思主义文艺理论倾向的还有黎元中、阮克伟、云庄、姑清言、阮元等人。从某种意义上来讲，他们保护和弘扬民族文艺传统精神，是反对外来腐朽文化的重要力量。在南越当时的社会和文学生活状况下，他们的文艺评论已成为一种锐利的武器，与新殖民地文化政策的各种图谋勇敢地正面斗争，这当然也是南越马克思主义文艺理论家们的社会责任。因为，正如阮元所说，维护和发挥民族传统文化、文学是一份非常艰难的工作，也是唯一可以选择的方法，能够使越南文艺摆脱当时的困境，迈向健康、现代的发展道路。

在南越社会生活十分复杂的环境下，马克思主义文艺理论在南越的传播及其所取得的成就，从某种意义上来讲为南越理论界塑造了一种别致色彩，使南越文论生活变得更加活跃。在对1954－1975年阶段南越文论进行全面总结和评价时，陈有达认为："第一次，在西贡的暂站区域，马克思主义文艺理论的主要概念被南越文艺理论家们辩证而明确地阐释。"

四　结语

马克思主义文艺理论从其诞生至今，其美学、文艺理论思想几乎遍及世界各地并成为 20 世纪最为重要的文艺理论思潮之一，但因社会历史特征不同或接受环境及文化过滤的差异，不同地方对马克思主义文论内容的选择、阐释及运用均存在不同层次的变异。对于以马克思主义为核心价值观及发展导向的越南，马克思主义文论思想自被接受与传播以来，对于越南文学的现代化转型及弘扬越南本国传统特色和革命精神发挥了极其重要的作用。全面考察和梳理马克思主义文艺理论在越南的译介、传播与应用不仅能总结出越南马克思主义的主要发展情况及基本特征，而且对于开展中越马克思主义文论比较等相关研究，特别是新时代中越文学、文论的现代体系及话语建构等都具有创新意义。

《浮生六记》在英语世界的译介、
研究与传播[*]

张义宏^{**}

摘　要：《浮生六记》先后产生了四个各具鲜明特征的英语全译本，它们在译介目的与策略上互为参照、递进补充，为英语世界的读者提供了多样化的英语译本，并在很大程度上扩大与提升了作品在英语世界的传播范围与接受效果。《浮生六记》的英语研究主要集中在作者沈复的生平、作品的艺术特色、作品中的女性形象三个方面，其在英语世界的译介与研究是作品在中西文化交流与碰撞下的产物，既反映出英语世界的译者与研究者对于作品的他者视角，也由于中西文化的隔阂存在明显的误读之处。

关键词：《浮生六记》　英语世界　译介与研究　跨文化传播

引　言

清代作家沈复的自传体散文《浮生六记》凭借作品中自然真挚的人生情感和清新洒脱的写作风格而备受后世读者的喜爱，被誉为"得风气之先的自传体小说"。①《浮生六记》也是通过翻译与研究在英语世界得到广泛

---

* 本文为教育部人文社会科学青年项目"英语世界的《金瓶梅》译介与研究"（项目编号15YJCZH228）阶段性研究成果。

** 张义宏，陕西师范大学外国语学院讲师，研究方向为中国典籍海外传播。

① 张蕊青：《〈浮生六记〉：得风气之先的自传体小说》，《明清小说研究》2003 年第 3 期，第 213 页。

传播的中国文学作品之一。《浮生六记》先后产生的四个英译本为英语世界的读者提供了直接的阅读文本，在很大程度上扩大与提升了作品在英语世界的传播范围与接受效果。英语世界的《浮生六记》研究起步较晚，主要集中在作者沈复的生平、作品的艺术特色、作品中的女性形象三个方面，体现出英语世界的研究者对于作品的他者独特阐释视角。《浮生六记》的译介与研究历程表明它在中西方跨文化交流中的重要地位，同时彰显了作品本身的恒久艺术魅力。

一 《浮生六记》的英语译介

《浮生六记》在英语世界的译介主要以英语全译单行本的形式出现，这与其他多数中国古典文学作品所经历的从节译到全译逐步深化的译介过程明显不同。《浮生六记》的译者主体兼有国内译者与英语世界的本土译者，译介方式包括单独翻译与合作翻译，译者身份涉及作家、翻译家、汉学家、记者等。由于译者主体的文化身份、译介目的与策略，以及所处历史背景等方面的差异，《浮生六记》四个英译本也相应地呈现不同的文本特色。《浮生六记》的四个英译本彼此之间互为参照、递进补充，满足了不同读者的阅读需求，进而共同促进了作品在英语世界的流行、传播与接受。

1935 年，林语堂开始着手将《浮生六记》译成英语。译文先后连载于上海出版发行的英文杂志《天下月刊》（*T'ien Hsia Monthly*）和《西风月刊》（*Hsi Feng*）。1939 年 5 月，上海西风社首次出版了林语堂《浮生六记》汉英对照单行本。① 1942 年，林语堂《浮生六记》英译本收录于其本人所编的《中国与印度的智慧》一书中。② 此后，该译本在国内多次再版。1955 年香港三民图书公司、1984 年台湾台南市综合出版社分别再版了林语堂英译的《浮生六记》汉英对照版。1999 年和 2009 年，外语教学与研究

---

① 沈复：《浮生六记》（汉英对照），林语堂译，西风社，1939。
② Yutang Lin（ed.）. *The Wisdom of China and India*. New York：Random House，1942，pp. 964 – 1050.

出版社推出林语堂《浮生六记》汉英对照绘图本，并在该译本前配有林语堂之女林太乙所写《前言》，其中介绍了林语堂的生平、求学与工作经历、发明创造、主要著述与译作等。①

　　林语堂在《浮生六记》的翻译上采取了较为灵活的策略，目的是使英语读者可以读到一部通顺流畅的英语译本。他在 1939 年出版的《浮生六记》译本《后记》中提到其翻译《浮生六记》的动机。"素好《浮生六记》，发愿译成英文，使世人略知中国一对夫妇之恬淡可爱生活。民国廿四年春夏间陆续译成，刊登英文《天下》月刊及《西风》月刊。颇有英国读者徘徊不忍卒读，可见此小册子入人之深也。余深爱其书，故前后易稿不下十次；《天下》发刊后，又经校改。兹复得友人张沛霖君校误数条。甚矣乎译事之难也。"② 林语堂对于《浮生六记》怀有特殊的喜爱之情，因此其翻译动机是尽量传达原文在人物形象塑造上的艺术成就。林语堂在《浮生六记》的《译者序》和正文前还嵌入这样一段话："《浮生六记》译文虽非苟且之作，但原非供汉英对照之用，字句间容有未尽栉比之处，阅者谅之。"③ 我们从中不难看出林语堂在《浮生六记》翻译上所采取的变通策略。林语堂《浮生六记》译本自出版以来一直享有较高的知名度，并且赢得了广泛的赞誉，有评论者称其译本具有更大的忠实性、优雅性和全面性，给读者带来了丰富的文化和审美体验，为汉英语境下的成功翻译提供了启发性的策略。④ 但是，也有部分评论者认为林语堂的译本在很多地方不够忠实于原著，尤其是遗漏了一些重要的文化信息等。"林语堂的译文为求得顺畅效果，而舍弃了对很多文化关键词的翻译。"⑤ 不管怎样，从作品的跨文化传播视角而言，林语堂的《浮生六记》英译本不仅在很大程度上提升了作品在中国文学史上的地位，而且推动了之后数十年《浮生六记》多样化英语译本的产生。

---

① 沈复：《浮生六记》（汉英对照绘图本），林语堂译，外语教学与研究出版社，1999。
② 沈复：《浮生六记》（英汉对照本），林语堂译，香港：三民图书公司，1955，第 326 页。
③ 同上，第 17 页。
④ Fang Lu. "The Afterlife of *Six Chapters of a Floating Life*: Three English Translations of *Fu sheng liu ji*," *Translation Review* 80, 1 (2010), p. 50.
⑤ 蔡新乐：《想象可以休矣：论〈浮生六记·童趣〉文化关键的英译》，《中国翻译》2015 年第 6 期。

1960 年，英国汉学家布莱克翻译的《浮生六记》英译本出版。译文共包含三个部分十二个章节。正文前有插图八幅，分别取自美国堪萨斯城纳尔逊美术馆（William Rockhill Nelson Gallery of Art）和华盛顿特区的佛瑞尔美术馆（Freer Gallery of Art）的清代中国画。此外，译本中还插入了杜甫和李白的一些诗句。译者在译本前言中对沈复和陈芸的艺术形象、沈复的身世、作品内容进行了简要的介绍，但是译本中删减了原文第四部分有关寺庙参观和景点，以及文学评论与园艺植物等专业知识的描写。① 英语世界对于布莱克译本褒贬不一。白芝则称布莱克《浮生六记》译本的质量非常令人满意，体现在"译文准确，英语散文自然优雅、充满活力"，认为译者的省略是"合情合理"的，而且"整体上适宜地带给读者一本更加迷人的书"。② 但是也有人指出布莱克译文中存在删减、增添、误译之处，使得译文丧失了准确性，体现了译者"用极端的方式对待原著"③ 的态度。

1983 年，白伦与江素惠合译的《浮生六记》英译本作为企鹅经典丛书之一出版。译者白伦为美国汉学家，先后在密歇根大学和哥伦比亚大学获得汉学研究学士和硕士学位。1969 年至 1974 年在台湾进修学习中文。1983 年，当《浮生六记》英译本出版时，他正担任美国全国广播公司驻香港办事处主任。1994 年后，白伦把大部分时间用于电视节目的开发，并取得了突出的成绩。江素惠出生于台湾，曾从事记者与媒介传播等方面的工作。白伦和江素惠的《浮生六记》译本是中西译者合作翻译的产物，因此在很大程度上能够确保原作思想和风格的准确传达。此外，白伦与江素惠合译的《浮生六记》提供了丰富的副文本信息。译本前包括《译者序言》《沈复生平活动大事记》《汉语度量衡释义》等内容；译本后则有附录 2 篇、注释 217 条，以及地图 3 幅等，体现出研究型译本的显著特点，为英语读者对原文内容的理解提供了很大的便利。译者在译本《译者序言》中

① Shen Fu. *Chapters from A Floating Life*：*The Autobiography of A Chinese Artist*. Shirley M. Black (tr.). London：Oxford University Press, 1960, p. xiii.

② Cyril Birch, Rev. "*Chapters from a Floating Life*. The Autobiography of a Chinese Artist by Shen Fu, translated by Shirley M. Black," *The Journal of Asian Studies* 20, 4 (1961), p. 526.

③ P. D. H, Rev. "*Chapters from a Floating Life*. The Autobiography of a Chinese Artist：Shen Fu by Shirley M. Black and Shen Fu," *Bulletin of the School of Oriental and African Studies* 24, 1 (1961), p. 177.

谈到了作品的社会史料价值，并对沈复命运的个人原因与社会原因进行了分析，同时表达了对林语堂译本的尊重之情，但是认为应该用现代英语更好地完整再现原文的内容，尤其要辅以必要的注释，才能满足现代西方读者的阅读需求。"然而，怀着对前辈的极大敬意，我们认为有余地将这部作品完整地翻译成现代英语。我们希望通过广泛而非侵入性的注释和地图，向现代英语读者呈现沈复讲述的更完整的故事。沈复为彼时彼地的读者写作，但这些人不会再生活在当今这个世界。我们希望译本对这部作品的贡献能帮助它存活于当今西方读者的心目之中。正如作者沈复所希望的那样，它应该活在与他同时代人的心目之中。"① 2006 年，"大中华文库"推出了白伦与江素惠翻译的《浮生六记》汉英对照本，但是略去了原译本中的《沈复生平活动大事记》与《汉语度量衡释义》两个副文本内容。②

2011 年，桑德斯的《浮生六记》英译本出版。译者为加拿大多伦多大学东亚研究系教授，主攻古汉语诗词研究。他于 1990 年获得多伦多大学汉语专业的学士学位，后于 1996 年在哈佛大学东亚语言文明系获博士学位，发表过多篇有关中国文学研究的论文。桑德斯的《浮生六记》英译本提供了更为详尽的副文本信息。译本正文前包括《致谢》、《序言》（有关沈复和作品中陈芸的生平与人物形象、作品情节结构与语言风格的评介）、《翻译札记》（汉语度量衡、货币单位、人名地名、酒饮等文化词的翻译策略）、《地图》（沈复生活和游历过的地方）等；译本后附有《大事记》（《浮生六记》中事件的发生时间及序列）、《沈复的社会交往与家谱》、《沈复提到的历史人物》、《索引》等内容。按照桑德斯本人所言，他在翻译过程中参考了林语堂初译本和白伦、江素惠合译的《浮生六记》英译本，旨在修正先前译本中的错误之处，并力求再现原文口语化的流畅风格。③

此外，澳大利亚当代作家尼古拉斯·周思根据《浮生六记》遗失两卷提供的想象空间，以《浮生六记》的故事框架为基础改编创作了爱情

---

① Shen Fu. *Six Records of a Floating Life*. Leonard Pratt, Chiang Su-hui（tr.）. London：Penguin Books，1983.

② 沈复：《浮生六记》（汉英对照），白伦、江素惠译，译林出版社，2006。

③ Shen Fu. *Six Records of a Life Adrift*. Graham Sanders（tr.）. Indianapolis：Hackett Publishing Company，2011.

小说《红线》，运用现代派跨越时空的创作手法续写了沈复与妻子陈芸的前世姻缘。① 小说《红线》在行文中偶尔穿插了《浮生六记》的部分原文，其中的原文或者来自作者本人的翻译，或者基于作者所青睐的林语堂《浮生六记》英译文。它虽然不能算作严格意义上的《浮生六记》英译本，却赋予了《浮生六记》在英语世界另一种形式的生命力，从而在一定程度上促进了作品的传播。

《浮生六记》的英语译介前后历经 70 余年之久，形成了各具特色的四种英语译本。林语堂的《浮生六记》译本作为作品的最早英语译本，对于作品在英语世界的早期传播起到了重要作用，而且在一定程度上为后来《浮生六记》译本的产生奠定了基础，因此时至今日仍然有着较高的关注度。而 20 世纪 60 年代以后，几乎每隔 20 年便会产生一部新的《浮生六记》英译本，表明英语世界的读者对于这部作品产生了极大关注。需要说明的是，《浮生六记》后来出现的译者都注意到应该对已有译文有所超越，这在他们各自的译本上都有直接的体现。尤为重要的是，他们多数为致力于中国文学研究的汉学家，因此能够较好地把握原文的精神，既注重凸显原文中的独特文本特点，又能考虑到原文中所蕴含的丰富文化背景信息，同时也能兼顾西方英语读者的阅读期待。具体而言，他们除了在语言翻译策略上做出调整以外，还增加了丰富的副文本信息，从而最大限度地传递原文的文化信息。例如，白伦和江素惠的译本序中利用很大篇幅详细介绍了沈复作为幕僚这一职业的特殊，以及注解、与作品内容相关的地图、大事年表、中国度量衡和英语国家的度量衡之间的换算表等。桑德斯《浮生六记》英译本中增加的副文本信息尤为翔实丰富，补充了原文文本背后蕴含的大量文化知识，这无疑为读者了解作者沈复与作品历史背景等内容提供了极大的便利。

二 《浮生六记》的英语研究

1972 年，加拿大学者米列娜与道勒齐尔合著的《中国早期的自述体散

---

① Nicholas Jose. *The Red Thread*. San Francisco：Chronicle Books, 2000.

文：沈复的〈浮生六记〉》是英语世界第一篇《浮生六记》专题研究论文。两位作者在文中对于国内外《浮生六记》研究姗姗来迟的原因做了如下总结："中国和西方汉学都没有给予沈复足够的重视，也没有给予其在中国文学史上应有的地位，考虑到沈复作品的审美和思想品质，这种现象足以令人惊讶。这种疏忽可能是由于难以确定沈复作品的体裁，并将其置于中国文学历史潮流中造成的。"① 之后，英语世界中关于《浮生六记》的专题研究成果有所增加，虽然在成果数量上算不上丰富多彩，但是从不同侧面丰富了对于作品中写作艺术、人物形象塑造、文化价值等方面内容的认识。此外，《浮生六记》研究还散见于其他中国文学与文化相关研究著述之中，这也在一定程度上扩展了作品阐释的空间。

（一）沈复的生平研究

英语世界有关沈复的生平研究体现在对沈复身世的简要回顾与梳理上，并涉及对沈复的性格与兴趣方面的探究。比较而言，英语世界中该方面的研究成果较为分散，多以只言片语的形式存在，多数表现在对沈复生活履历的一般性介绍，主要见于《浮生六记》各个英译本中的《序言》以及中国文学史类英语著述之中。

布莱克《浮生六记》英译本《序言》对于沈复性格的评价略显苛刻，称其一事无成、敏感、浪漫不切实际，喜欢美女和谈笑、鲜花和美酒、自然风光，并称其善交朋友。② 这种基于主观臆断的人物形象评价具有明显的偏颇之处。白伦《浮生六记》英译本《序言》认为沈复生活不得意的主要原因在于其家庭背景、个人性格，以及当时的官僚制度。白伦认为沈复的性格过于浪漫，不切实际，自欺欺人。③ 桑德斯《浮生六记》英译本《序言》侧重介绍沈复的兴趣爱好，称他涉猎绘画和书法，并通过出售艺

---

① Milena Doleželová-Velingerová and Lubomír Doležel. "An Early Chinese Confessional Prose：Shen Fu's *Six Chapters of a Floating Life*," *T'oung Pao*, Second Series, Vol. 58, 1/5（1972）, p. 139.

② Shen Fu. *Chapters from A Floating Life：The Autobiography of a Chinese Artist*. Shirley M. Black（tr.）. London：Oxford University Press, 1960, p. xi.

③ Shen Fu. *Six Records of a Floating Life*. Leonard Pratt, Chiang Su-hui（tr.）. London：Penguin Books, 1983, p. 13.

术品来补充他微薄的收入①。房兆楹在恒安石编写的《清代名人传略》"沈复"词条中对他的生平以及《浮生六记》的故事情节与艺术成就等内容做了简要介绍。② 白芝编译的《中国文学选读》中除了收录布莱克《浮生六记》译本中卷一"闺房记乐"中的部分译文外，还提到了沈复所从事的诸如绘画等方面的职业。③ 罗普的专著《近代中国的异议:〈儒林外史〉与清代的社会批评》认为，沈复赞同袁枚反清教主义的思想，但是在婚姻自由平等问题上比袁枚走得更远。④ 可以看出，罗普对于沈复婚姻观的看法只能成为一家之说，而且用西方的清教主义来概括沈复的思想有失准确。黄卫总的《文人与自我的再呈现:中国 18 世纪小说中的自传倾向》一书中多次谈到《浮生六记》的文体特点，并且指出沈复是第一位不带任何伪装将私生活写进作品的中国作家，但是由于受到作者所处时代意识形态的限制，作品直到半个世纪以后才出版。⑤

(二) 作品的艺术特色研究

英语世界《浮生六记》的艺术特色研究主要集中在两个方面。一是关于作品在中国文学发展史进程中所扮演角色的讨论，也就是作品的历史定位问题。该研究视角将《浮生六记》置于作品产生的历史与社会背景中，因此有着较为宽阔的视野。普实克与米列娜成为这方面研究的杰出代表。二是对作品自身体裁与叙事技巧的探讨，他们侧重于作品形式意义上的分析，从不同视角对于《浮生六记》作品的"文学性"展开具体的解读与阐发。

宇文所安《追忆:中国古典文学中的往事再现》一书第六章"复现:闲情记趣"侧重于《浮生六记》自身独特叙事方式与写作技巧的探讨，即

---

① Shen Fu. *Six Records of a Life Adrift*. Graham Sanders (tr.). Indianapolis: Hackett Publishing Company, 2011, p. xi.

② Arthur W. Hummel. (ed.), *Eminent Chinese of the Ch'ing Period* (1644 – 1912). Taipei: Ch'eng Wen Publishing Company, 1970, pp. 641 ~ 642.

③ Cyril Birch. *Anthology of Chinese Literature* (*Volume 2: From the 14th Century to the Present Day*). New York: Grove Press, Inc., 1972, pp. 259 ~ 275.

④ Paul S. Ropp. *Dissent in Early Modern China: Ju-lin wai-shih and Ch'ing Social Criticism*. Ann Arbor: The University of Michigan Press, 1981, p. 147.

⑤ Martin W. Huang. *Literati and Self-Re/Presentation: Autobiographical Sensibility in the Eighteenth-Century Chinese Novel*. California Stanford University Press, 1995, pp. 150 ~ 151.

作为叙述者的沈复是如何以情感打动读者，进而在《浮生六记》中构建起独特记忆的复现方式的。"他在做什么？从记忆中编织故事，把他过去的碎石做成一座微型小山？"同时，宇文所安指出沈复所构建的独特记忆之复现方式的缺憾，它决定其复现方式不可能出现完整的结局，因此构成了破碎的连续体。"沈复的故事自始至终都没有完整的结束。沈复中'复'的汉语意思就是'重复'。"① 霍尔的论文《男主角的压抑：沈复〈浮生六记〉的叙事与美学》一文从西方文学史上有关体裁分类问题的复杂性谈起，旨在探讨《浮生六记》的体裁与写作技巧等问题，其出发点在于分析沈复的文本何以对读者产生强大的情感影响，同时却能摆脱贫困学者和他不幸的爱情这一陈词滥调主题所固有的多愁善感。② 霍尔认为沈复在《浮生六记》中具有独特的情感表达方式，因此创造了独一无二的叙事艺术效果。

　　乐黛云《封建社会崩溃时期的文人面影——〈浮生六记〉》一文对《浮生六记》的思想内容、写作技巧，以及语言风格等内容做了集中的探讨。文中认为，沈复以主观感情将其生活划分成"乐、趣、愁、快"四个层面，而每一层面又采取按照时间顺序来加以呈现的叙事方式。作者的真情是对于材料详略轻重安排的唯一标准。③ 吕芳认为沈复遵循中国文学传统学派的性灵说，摆脱了社会各种功利主义的羁绊和束缚。吕芳认为，《浮生六记》的叙事计划并不按照大多数自传传统所因袭的时间顺序，而是遵循人类激情和记忆的流动。沈复以这种方式打破了传统的时间观念。④ 梁洁和郑炘的《文人绘画对造园的影响——〈园冶〉与〈浮生六记〉比较研究》一文通过对分别产生于不同历史时期的《园冶》和《浮生六记》

---

① Stephen Owen. *Remembrances*: *The Experiences of the Past in Classical Chinese Literature*. Cambridge: Harvard University Press, 1986, pp. 99 ~ 113.

② Jonathan Hall. "Heroic repression: narrative and aesthetics in Shen Fu's *Six Records of a Floating Life*," In E. S. Shaffer (ed.), *Comparative criticism*: *An annual journal*, 155 ~ 172. Cambridge: Cambridge University Press, 1987, p. 158.

③ Daiyun Yue. "Intellectuals at an Impasse and the Collapse of Feudal Society: *Six Chapters of a Floating Life*," *Intellectuals in Chinese Fiction*. Berkeley: Institute of East Asian Studies, University of California, Berkeley: Center for Chinese Studies, 1988, p. 52.

④ Fang Lu. "The Afterlife of *Six Chapters of a Floating Life*: Three English Translations of *Fu sheng liu ji*," *Translation Review* 80, 1 (2010), p. 32.

两部作品的文本比读，旨在比较分析两部作品中绘画的不同具体含义，并试图明确"神"在绘画与造园中的地位与功用，并运用"神游"的突变来解读作品中山水意象所具有的差异性，进而比较"神"在两部作品中所扮演的不同角色。[①]

艾梅兰《竞争的话语——明清小说的正统性、本真性及所生成之意义》一书提到《浮生六记》中田园诗般的花园是作品中诗歌朗诵和文人知识展示的重要场所，并认为在这一点上它与清代小说《红楼梦》《镜花缘》十分相似。[②] 伊维德编写的《中国文学史导论》指出，《浮生六记》在中国文学传统中具有超乎寻常的细节描写和坦率态度。[③]

普实克与米列娜两位学者致力于《浮生六记》作品地位的探讨。普实克对于《浮生六记》在中国文学史中的地位持肯定态度。他在《中国现代文学中的主观主义和个人主义》一文中谈到，中国新文学的鲜明特征可以归结为主观主义和个人主义，即对生命的批判和悲剧性的感知所表现出来的沉思和忧郁，而这些又都可追溯到清朝时期的蒲松龄和沈复等作家。"在沈复的作品中，我们已经发现了这两场战争之间文学所具有的所有特征：主观主义与个人主义，以及对种种传统束缚和顾虑的扬弃和对于生命悲剧的意识。毫无疑问，它是革命文学与满族文学紧密联系的最有趣的文献。"[④] 米列娜以《浮生六记》受到冷遇的可能原因为出发点，旨在探究《浮生六记》体裁与艺术价值等问题。米列娜充分肯定了《浮生六记》和现代散文之间的历史联系，认为沈复通过对传统文学的继承与创新，开拓了中国文学史上自述散文体的崭新体裁。米列娜借鉴阿克塞尔姆的《现代自述小说》（*The Modern Confessional Novel*）一书中的概念，将《浮生六记》界定为

---

① Liang Jie & Zheng Xin. "Influences of Literati painting on garden-making: a comparative study of Yuan ye (The Craft of Gardens) and Fu sheng liu ji (Six Chapters of a Floating Life)," *Studies in the History of Gardens & Designed Landscapes* 37, 4 (2017), pp. 336~341.

② Maram Epstein. *Competing Discourse: Orthodoxy, Authenticity, and Engendered Meanings in Late Imperial Chinese Fiction*. Cambridge and London: Harvard University Press, 2001, p. 99.

③ Wilt Idema and Lloyd Haft. *A Guide to Chinese Literature*. Ann Arbor: Center for Chinese Studies, The University of Michigan, 1997, p. 188.

④ Jaroslav Prusek. "Subjectivism and Individualism in Modern Chinese Literature," *Archiv Orientalni* 25 (1957), p. 282.

自述散文体，而这在中国传统文学中是史无前例的。《浮生六记》体现出的诉诸感情与主观主义同欧洲浪漫文学译介一道，为后来郁达夫、巴金、丁玲等人的现代散文的崛起铺平了道路。"《浮生六记》构成了文学和艺术发展中经常可以看到的历史悖论的一个有效例证：一件艺术作品使得旧传统圆满完成并使其终结，却在另一个不同的历史背景下找到新的生命，因为它的艺术创意预示着新时代的抱负和理想。"①

（三）作品中的女性人物形象研究

陈芸作为《浮生六记》中的"女一号"自然受到了英语世界研究者的首要关注。但是由于切入角度的差异，各家对于陈芸形象的解读也不尽相同。林语堂聚焦于陈芸身上反映出的传统儒家的女性形象。林语堂《浮生六记》英译本《译者序》开篇称："芸，我想，是中国文学上一个最可爱的女人"，以此表达了林氏本人对于陈芸的喜爱之情。林语堂后来在文中对陈芸表达了毫不吝惜的赞美之词，称在陈芸的身上似乎看到"这样贤达的美德特别齐全，一生中不可多得"。林语堂还称翻译的目的之一便是"流传她的芳名"②。布莱克在《浮生六记》译本《前言》中对陈芸的分析更深入一步，触及女性地位的问题，称陈芸是有文化修养的个体，思想独立，富有才华。③

《浮生六记》中陈芸的性取向是陈芸形象研究的一个焦点问题。邓海伦的《如果陈芸撰写她的"女同性恋"：重读一个恋女丧亲者的回忆录》一文基于翔实的文本例证对陈芸的具体行为进行分析，认为陈芸身上存在同性恋的种种表征。文中指出："令人吃惊的是，沈复描述了陈芸与一个美丽的歌女坠入爱河，然后因这个女子的明显背叛而悲痛欲绝的过程。"④

---

① Milena Doleželová-Velingerová and Lubomír Doležel. "An Early Chinese Confessional Prose: Shen Fu's *Six Chapters of a Floating Life*," *T'oung Pao*, Second Series, Vol. 58, 1/5 (1972), pp. 158~160.

② 沈复：《浮生六记》（英汉对照），林语堂译，三民图书公司，1955，第 v 页。

③ Shen Fu. *Chapters from A Floating Life: The Autobiography of A Chinese Artist*. Shirley M. Black (tr.). London: Oxford University Press, 1960, p. xi.

④ Helen Dunstan. "If Chen Yun Had Written about Her 'Lesbianism': Rereading the Memoirs of a Bereaved Philanderer," *Asia Major*, Third Series 20, 2 (2007), pp. 103~122.

韩献博《断袖之癖：中国的男同性恋传统》①、曼素恩《珍贵记录：漫长18世纪中的中国女性》②，以及桑梓兰《女同性恋者的出现：现代中国的女同性欲望》③ 等著作也间接提到《浮生六记》中陈芸身上存在的同性恋倾向。英语世界的研究者对于陈芸身上的同性恋倾向解读自然有其合理之处，可以成为一家之言，但是将同性恋作为整个作品的创作主旨，则难免陷入过度解读的误区之中。

《浮生六记》中涉及的底层社会女性地位问题引起了研究者的注意。白伦的《浮生六记》英译本《序言》提到作品对于歌女角色的描绘使该书成为一部宝贵的社会史料。"作品中描述的歌女角色就是一个例子，使得这本书成为一个有价值的社会文献。西方人很难理解中国歌女的样子，因为我们西方的唯一对等角色是妓女。但是一个名副其实的歌女是值得尊敬的，也受到了人们的尊敬。她们的性恩惠也绝非一定能够用金钱买到。正如荷兰汉学家高罗佩在《中国古代房内考》一书中所言，歌姬往往比她表面上服侍的男人更加独立和强大。《浮生六记》带给我们虽然渺小但意义重大的观念和猜测的改变，也因此使得《浮生六记》对于西方人来说显得如此重要。"④ 罗普的论文《两个世界之间：沈复〈浮生六记〉中的女性》致力于对《浮生六记》中女性地位和命运的探讨，认为处于社会边缘的知识分子沈复在《浮生六记》中描绘了来自社会底层的妓女形象，而这正是她们自身的真实写照。她们陷入贫困之中，希望寻求机会得以解脱。⑤ 英语世界的研究者对于作品中女性地位的关注明显受到了西方女性主义研究思潮的影响，但是在一些地方同样存在以偏概全的研究倾向。

---

① Bret Hinsch. *Passions of the Cut Sleeve: The Male Homosexual Tradition in China*. Berkeley: University of California Press, 1990, p. 176.

② Susan Mann. *Precious Records: Women in China's Long Eighteenth Century*. Stanford: Stanford University Press, 1997, p. 60.

③ Tze-lan D. Sang. *The Emerging Lesbian: Female Same-Sex Desire in Modern China*. Chicago: The University of Chicago Press, 2003, p. 50.

④ Shen Fu. *Six Records of a Floating Life*. Leonard Pratt, Chiang Su-hui (tr.). London: Penguin Books, 1983, p. 9.

⑤ Paul Ropp. "Between Two Worlds: Women in Shen Fu's *Six Chapters of a Floating Life*," In Anne Gerstlacher, Ruth Keen, et al. (eds.), *Women and Literature in China*, 98 – 140. Bochum, Germany: Studienverlag Brockemeyer, 1985, p. 113.

三　结语

　　文学作品的跨文化传播进程受到文本内外多种因素的制约，它们在很大程度上阻滞或者提升了作品跨文化传播的接受效果。《浮生六记》的英语译介跨越时间较长，译本形式复杂多样，从多个角度向英语世界展示了作品的故事情节以及作品背后负载的文化信息，它们构成了作品在英语世界传播中的前提条件。《浮生六记》的英语研究则是作品在英语世界得到深入传播的必然阶段，体现出英语世界的研究者对于作品的独特认知水平，为作品的思想性与文学价值解读提供了重要的参照。但是作为中西方文化交流与碰撞过程中的产物，英语世界的《浮生六记》译介与研究一方面反映了英语世界的读者对于作品的他者独特阐释视角，另一方面又由于中西方文化的隔阂而存在明显的误读之处，这在沈复和陈芸的人物形象分析上表现得尤为明显。因此，若能客观看待英语世界的研究者在《浮生六记》研究中表现出的偏颇之处，进而思考中西研究者在对《浮生六记》研究的借鉴与互补，就可以在很大程度上拓宽《浮生六记》的理论视野。从这个角度而言，英语世界的《浮生六记》译介与研究应该成为《浮生六记》整体研究的重要组成部分。

征稿启事

《中华文化海外传播研究》是以中国文化的海外传播为研究对象，面向全球学界的社会科学类中文刊物，创刊于 2017 年，由大连外国语大学中华文化海外传播研究中心和社会科学文献出版社联合编辑出版发行，是我国中华文化海外传播领域唯一的学术集刊。

本刊紧密贴近中华文化海外传播工作实际，着力解决中华文化海外传播中的理论和实践问题，推动构建中国风格、中国气派、中国精神和时代面貌的文化传播理论，促进中华文化海外传播实现国家战略和外交政策目标。从 2018 年起，《中华文化海外传播研究》已被中国知网（CNKI）中国期刊全文数据库全文收录。

《中华文化海外传播研究》每年出版两辑，出版时间为每年 6 月和 12 月；每期容量为 30 万字左右，本刊设"本刊特稿""名家对话""研究发布""传播战略与策略""海外汉学""汉语传播""孔子学院传播""跨文化传播""学术动态""书评"等相关栏目。论文一般以 1.5 万字左右为宜；书评一般不超过 8000 字。

一 投稿说明：

1. 稿件应为中华文化海外传播相关领域，不仅涵盖社会、历史、文化、经济等学科范畴，更着重将思想的触角延伸至人类科学的各个门类。

2. 稿件应为尚未公开发表的原创性学术作品。本刊以质取稿，特别优秀的文章字数不限。

3. 请尊重学术规范，勿一稿二投。本刊实行匿名评审和三审定稿制度，审稿周期大约 1 个月，作者可随时致电咨询。

4. 本刊不收取审稿费、版面费等任何费用，实行优稿重酬。

5. 投稿邮箱：ccoc@ dlufl. edu. cn，邮件主题格式请用"投稿工作单位姓名职称论文名"，如"投稿××大学××教授海外汉学研究"。

《中华文化海外传播研究》真诚地欢迎来自全球中华文化传播学界的赐稿和监督批评。

二　联系方式：

联系电话：0411－86111821

联系邮箱：ccoc@ dlufl. edu. cn

联　系　人：芦思宏

联系地址：大连市旅顺南路西段 6 号大连外国语大学中华文化海外传播研究中心《中华文化海外传播研究》编辑部

邮政编码：116044

三　格式规范：

（一）论文内容基本要求

论文为尚未公开发表的原创论文。主题与内容不限，与中华文化海外传播相关研究均可。论文字数范围以 7000～12000 字为佳。所有投稿论文必须包含以下内容模块：题目（中文、英文）、摘要（中文、英文）、关键词（中文、英文）、作者简介、正文、参考文献或注释。获得科研基金资助的文章须注明基金项目名称及项目编号。论文以课题组署名须注明课题组主要成员姓名及工作单位。

（二）摘要、关键词、作者简介要求

1. 摘要：五号，宋体，字数为 200 字左右，简明扼要地陈述研究目的和结论。

2. 关键词：3～5 个词条，用逗号隔开；英文关键词词组首字母大写。

3. 作者简介：应包括姓名、出生年月、性别、民族、职称或学位、工作单位等内容，请一并附上作者的通信地址、邮政编码、E－mail、联系电话等，并列于文末。

（三）图表规范

1. 图表的标题中需加单位；图标题放在图的下方，表标题放在表的上方；图名称不需要"XX 图"，但是表格中的名称可加"XX 表"。

2. 注意图表数据和文中数据的统一。

3. 全文图表数据，统一保留小数点后一位。

4. 图表形状的选择：当图表中百分比大于100%，需要注明是多选题，或者造成该结果的原因，同时建议使用柱状图，而非饼状图。

5. 自动生成图表数据，可能会造成数据总量的出入，需要慎用，或者使用后手动检查。

（四）其他

论文中出现的英文作者或英文书名等，需翻译成中文，并在第一次出现时用括号标示英文。

例如：乌尔里希·贝克（Ulrich Beck）